本书受以下项目资助：

1. 河南省重点研发与推广专项项目"南水北调中线工程核心水
制与路径研究"（编号：222400410105）；

2. 河南省哲学社会科学规划项目"南水北调中线工程河南水源地康养旅产业融合发展质
量测度及后续支持政策体系研究"（编号：2022BJJ076）。

生态产品价值实现机制与路径研究

李晓方　著

武汉大学出版社

图书在版编目(CIP)数据

生态产品价值实现机制与路径研究/李晓方著.—武汉：武汉大学
出版社,2025.5
ISBN 978-7-307-23914-2

Ⅰ.生… Ⅱ.李… Ⅲ.生态经济—研究—中国 Ⅳ.F124.5

中国国家版本馆 CIP 数据核字(2023)第 153508 号

责任编辑:周媛媛　孟跃亭　　责任校对:牟　丹　　版式设计:文豪设计

出版发行:**武汉大学出版社**　(430072　武昌　珞珈山)
　　　　　(电子邮箱:cbs22@whu.edu.cn　网址:www.wdp.com.cn)
印刷:武汉邮科印务有限公司
开本:720×1000　1/16　印张:13.25　字数:192 千字
版次:2025 年 5 月第 1 版　2025 年 5 月第 1 次印刷
ISBN 978-7-307-23914-2　　定价:89.00 元

前　言

生态文明建设对美丽中国建设的进程起到了重要的影响作用，"增强绿水青山就是金山银山的意识"已被写进新修订的《中国共产党章程》。我国社会主要矛盾已经转化为人民日益增长的美好生活需要和不平衡不充分的发展之间的矛盾，而优美生态环境是人民对美好生活向往的重要内容，生态产品已成为最短缺、最急需、最需要大力发展的产品。对于生态产品短缺的问题，生态产品价值实现是解决生态效益外部性问题的有效途径，也是促进生态保护与经济社会协调发展的关键渠道。目前，生态产品价值实现已经成为社会各界高度关注的焦点问题之一。基于此，本书分析了生态产品价值实现机制与路径。

本书共六章。第一章为引言，搜集与整理了国内外学者关于生态产品价值的相关理论成果。第二章为生态产品价值实现理论框架，即理论基础。第三章为国内外生态产品价值实现的具体实践，对比分析了国内外不同地区生态产品价值实现的成功经验，为下一步的研究作铺垫。第四章为生态产品价值实现的案例分析——以三江源为例，剖析了三江源生态产品的价值、供求意愿、实现路径等，即案例研究。第五章为生态产品价值实现的障碍因素，从供给侧障碍因素和需求侧障碍因素入手，进行了系统分析。第六章为生态产品价值实现的有效机制和路径，根据前面的研究成果，创新地提出了生态产品价值实现的具体路径。

总之，本书对生态产品价值实现机制与路径进行了积极的探索性研究，但是由于研究精力有限及其他因素的影响，研究结果难免存在一些不足之处，恳请学术界专家给予批评与建议，特此感谢。

目　　录

第一章　引　　言 ································· 1

　第一节　研究背景与意义 ······················· 1

　第二节　国内外研究现状综述 ··················· 4

　第三节　研究的整体思路与内容 ················· 8

　第四节　研究方法 ···························· 9

第二章　生态产品价值实现理论框架 ··········· 11

　第一节　生态产品价值实现的理论基础 ·········· 11

　第二节　生态产品价值实现的内涵 ·············· 18

　第三节　生态产品价值的实现 ················· 24

　第四节　生态产品价值实现的路径 ·············· 30

第三章　国内外生态产品价值实现的具体实践 ··· 43

　第一节　生态产品价值实现的国内实践 ·········· 43

　第二节　生态产品价值实现的国外实践 ·········· 61

第四章　生态产品价值实现的案例分析——以三江源为例 ···· 77

　第一节　三江源生态产品价值 ················· 77

　第二节　三江源生态产品供求意愿分析 ·········· 81

　第三节　三江源生态产品价值实现路径 ·········· 87

第五章　生态产品价值实现的障碍因素 ┄┄┄┄ 123

第一节　生态产品供给侧障碍因素分析┄┄┄┄ 123
第二节　生态产品需求侧障碍因素分析┄┄┄┄ 147

第六章　生态产品价值实现的有效机制和路径 ┄┄┄ 161

第一节　生态产品价值实现机制的创新┄┄┄┄ 161
第二节　生态产品价值实现路径的优化┄┄┄┄ 180

结　　语┄┄┄┄ 197

参考文献┄┄┄┄ 199

第一章　引　言

第一节　研究背景与意义

一、研究背景

现阶段，人类正处于"大加速"的发展阶段，在这一特殊阶段，人口呈现持续增长的态势，同时社会经济也得到了高速发展，能源、土地和水资源的需求也迅速提升，使地球生态环境发生了根本性变化，这是地球在46亿年历史中独一无二的现象。由于这些变化的存在，很多科学家及其他领域的专家学者提出，我们已经步入了一个全新的地质时代——人类纪时代。人类社会在长期的历史发展过程中，总共经历了三个不同时期，分别是原始文明、农业文明和工业文明。在这三个时期，人地关系发生了一定程度的变化，在最初的原始文明时期，人地关系以和谐、融合为典型特征，当人类逐步掌握了自然规律之后，开始主导与支配自然环境。世界人口、经济、交通、投资、旅游、通信得到了飞速发展，同时人类的粮食、安全、财富、健康也获得了大幅度的提升，这都是"大加速"时代所带来的益处，也是自然给人类提供的优质服务。但是，由于人类无限制地索取，地球的生态系统与生物多样性正面临着逐渐消减与衰退的困境，虽然世界范围内制定了《生物多样性公约》等一系列全球协议，但是成效并不显著，具体表现为陆地生物圈退化、热带雨林锐减、海洋酸性浓度升高、二氧化碳排放增加、濒危或近危物种受到威胁、土地退化等。从当前的状况来看，为了维护地球生态环境的和谐与稳定，为了实现地球可持续发展，弥补生态系统及生物多样性的损失至关重要。

过去几十年来，人类不断攀升的消费促进了过度开发和持续扩大的农业生产，导致全球生态足迹这把衡量人类对自然资源消耗的量尺大幅提升。生态足迹是随着人类的发展而不断扩张的，人类较高发展水平的国家通常人均碳排放更高，总体生态足迹也更高。1990—2018 年，中国人类发展指数从 0.501 发展到 0.758，增长了约 51.3%，世界排名从第 103 位提升至第 85 位，处于"高人类发展水平"，但高速发展的同时伴随的是生态足迹的同步增长，1980—2010 年，中国人均生态足迹从 1.21 全球公顷增长到 2.19 全球公顷，到 2014 年，这个数值在 3.5~5.25 全球公顷。与此同时，截至 2010 年，人均生态承载力仅为 1.0 全球公顷，这反映出中国各项生态系统服务无法满足人类生产生活所需的能源与服务，透支生态的代价越发明显，降低了生态系统提供产品的效率，生态产品的价值没有得到充分实现，从而影响到经济的腾飞、社会的发展及人民的幸福。

为了有效地解决生态产品供给与生态价值实现的现实问题，国务院于 2010 年 12 月 21 日颁布了《全国主体功能区规划》，其中首次对生态产品的基本内涵进行了界定。2012 年，中国共产党第十八次全国代表大会上的报告明确提出了"增强生态产品生产能力"的要求。2017 年，中国共产党第十九次全国代表大会上的报告则提出"既要创造更多物质财富和精神财富以满足人民日益增长的美好生活需要，也要提供更多优质生态产品以满足人民日益增长的优美生态环境需要"。由此可见，我国对生态产品十分重视。据此，我国大部分省市根据党中央的指示开展了一系列的生态产品价值实现机制探索活动，基于生态产品价值实现机制的构建，持续推进"绿水青山"就是"金山银山"的实践创新基地建设，建立了多个国家重要生态产品供给基地，为生态补偿对象朝着生态产品卖方市场的转变提供了助力。

依据上述研究背景，本书将三江源作为重点研究案例，系统地分析了我国生态产品价值实现机制的创新。当前，三江源面临巨大的生态环境保护压力，主要表现在以下四方面：第一，虽然国家对三江源实施生态保护工程、全国重点生态功能区转移支付、对口支援与精准扶贫等一系列财政和政策措施，但一方面受当地生态系统脆弱性影响，生态环境保护和修复成本较高，另一方面受生态产品外部性影响，三江源地区积极实施生态环境保护措施，但其提供的高质量的生态产品长期被无偿享用，三江源生态产品价值未能充分实现；第二，三江源地区在国家与各级政府部门的支持与指导下，生态环境保护取得了明显的成效，生态环境恶化的态势也得到了明显缓解，但是由于三江源生态环境十分脆弱，三江源生态环境保护仍然面临着严峻的挑战，当前需要的生态环境保护资金较多，加上尚未建立系统的生态补偿机制，仍然需要对三江源生态环境保护给予重视；第三，三江源脆弱的生态环境需要大量的资金、技术和人力等要素的持续投入才能实现修复、维持和保护，当地产业发展因生态保护需要而受到限制，需要科学、合理的生态产品价值实现路径以保证三江源生态环境改善和产业发展的良性循环；第四，虽然三江源居民认识到了生态环境保护的重要性，但是由于生态保护会对当地产业发展造成一定的限制，导致生态产品价值的实现面临困境，对当地居民的生产生活造成了影响，也降低了居民参与生态环境保护及生态产品供给的积极性与热情。因此，对三江源生态产品价值实现展开研究很有现实意义。

二、研究意义

生态产品价值实现机制与路径的研究，是对我国生态文明建设及生态环境保护理念、要求及路径的重要实践，为实现生态文明建设、美丽中国建设提供重要的参考依据。本书的研究意义体现在以下几方面。

第一，补充和丰富了生态产品价值的内涵与研究理论体系。本书在研究的过程中提出了生态产品价值实现的机制与路径，分析了生态产品价值实现的障碍因素，同时建立了三江源生态产品价值实现的机制体系，对彰显生态环境脆弱地区的地位与价值及开展相关研究具有明显的借鉴作用。

第二，丰富了生态产品价值实现研究方法。本书构建了三江源生态产品价值实现研究的理论框架，整合了三江源生态产品构成模型，对提出有科学性的路径和机制，实现区域可持续发展具有重要的理论意义。

第三，丰富了人地关系和可持续发展理论。在人地关系框架下研究区域可持续发展问题，能够有效发挥人地关系理论在区域可持续发展研究中的理论指导作用。通过对三江源生态产品价值实现的研究，提出生态脆弱地区可持续发展模式，平衡发展与生态环境保护的关系，缓解区域人地矛盾，最终实现经济效益、社会效益和生态环境效益的最大化，实现三江源人地协调、资源优化配置、区域可持续发展的目标，为当地社会经济和生态环境协调发展提供理论指导，为三江源未来相关可持续性科学研究提供理论基础。

第四，为打造全国乃至国际生态文明高地奠定坚实基础。本书案例——三江源地处青藏高原，是长江、黄河、澜沧江的发源地，是"中华水塔"，是中国重要的生态安全保护屏障，生态地位极其重要，生态环境系统极为独特，无法被替代而又非常脆弱。三江源生态文明建设和生态环境保护范围广、任务重、难度大，进行三江源生态产品价值实现研究，是青藏高原生态文明建设领域的重大创新性举措，是"两山"理论（即"绿水青山就是金山银山"生态环保理念）的实践抓手和物质载体，可以为全国生态文明建设和生态环境保护提供生动的"三江源样板"，并为相关研究提供参考和借鉴。

第五，为建设清洁美丽世界和地球美好家园提供可行性方案，并做出积极贡献。宇宙是人类共有的家园，建设清洁美丽世界是人类命运共同体的依托与归宿。通过对生态产品价值实现机制与路径的研究，能够为生态产品价值保值与增值提供有效的路径，这关乎全球生态平衡与可持续发展，同时也有助于维护能源资源的安全，积极应对全球气候变化，从而为全球生态文明建设和生态环境安全提供助力。

第二节 国内外研究现状综述

一、国外研究现状综述

生态系统服务相关的概念和理论经历了大约 50 年的发展，取得了相当多的研究成果。20 世纪 70 年代，国外初次尝试为森林资源、水资源和生物多样性等特定生态系统服务评估价值，同时试图构建可以为维护上述生态系统服务的响应机制。与此同时，国外针对生态补偿的相关研究始于 1970

年，虽然在当时没有被界定为生态补偿，但是针对生态补偿的实践可以追溯至更早时期。国外研究生态补偿（ecological compensation）的相关专业表述包括生态系统服务付费（payment for ecological service）、生态系统服务补偿（compensation for ecosystem service）、环境服务市场（market for environmental service）、环境服务补偿（compensation reward for environmental service）、环境服务付费（payment for environmental service）等一系列相似概念，其中尤以生态系统服务付费的研究成果最为丰富，从而能够看出世界各国尝试将生态系统服务价值化，同时将其划入自己国家的经济决策进程中的发展规划。

（一）关于生态系统服务概念的研究

Robert 等认为，生态系统服务是指生态系统为了能够满足人类日常生活、生产需求而提供的一系列服务，生态系统具有较强的复杂性与综合性，自我净化调节、生产产品功能是生态系统服务的主要内容。

Adhikari 等认为，生态系统服务是人类在自然生态系统中所获取的收益，包含直接收益和间接收益两种，要根据生态系统自身的特征来构建生态系统价值估算模型，实现对全球生态系统服务价值的有效估算。

Jennings 等认为，生态系统自我恢复的速度远远赶不上人类的破坏速度，人类高度依赖生态系统服务，倡导人类社会应与生态系统建立可持续、道德和互惠的新关系。

Stephen 等认为，生态系统服务是人类从生态环境系统中获得的有益服务。

（二）关于生态系统服务价值的研究

Drupp 等将智利南部两个重要的原始森林供水和休闲渔业作为典型案例，分析了生态系统服务价值，并提出了在森林养护及管理层面上生态系统服务价值实现的策略。

Olander 等提出，在生态系统服务价值评估体系中，应该引入景观文化遗产评估，这样能够为生态系统及景观的可持续发展提供有价值的决策依据。

Boerema 等通过使用驱动力—压力—状态—影响—响应（driving-pressure-state-impact-response，DPSIR）框架和海洋空间数据库进行生态系统服务评估，所得结果突出绘制沿海和海洋生态系统服务空间开放数据的局限性和挑战，有助于查明空间数据差距和实现海洋生态系统可持续管理的机会。

（三）关于生态系统服务付费的研究

Sollenberger 等认为，生态系统服务付费是自愿的，是将依赖于自然资源管理而获得的生态系统服务作为基本条件，促使自然环境服务提供者与需求者进行自愿、自主交易。

Stiles 等认为，生态系统服务付费属于一项自主交易行为，在这一交易行为中拥有十分明确的交易对象，也就是生态系统服务。

Syrbe 等认为，生态系统服务付费是一种为了鼓励团体或个人在自然环境资源管理过程中将土地利用方式与社会利益捆绑，并使其在社会各成员间进行资源转移的过程。

二、国内研究现状综述

（一）关于生态产品内涵的研究

张晓蕾等认为，生态产品是指生态系统在生态生产和人类生产共同作用下为社会提供的终端产品和服务。基本特征包括稀缺性、非替代性、部分可交换、有剩余产品及为他人和社会提供使用价值。根据生态产品的功能与属性进行划分，生态产品一般包括公共性生态产品与经营性生态产品两种不同的形式。

沈辉和李宁认为，生态产品既包含自然界给予的生命支持系统、气候调节系统，以及满足人类需求的自然要素，又包含对传统的物质生产模式的加工与改良。广义的生态产品概念考虑到自然要素与人类劳动的共同作用，更符合目前我国经济社会可持续发展阶段对生态产品价值实现与生态产品多样化供给的现实需要。

张林波等认为，生态产品中包含生产劳动。生态产品同其他产品一样也是被生产出来的物品，作为一种产品，生态产品的内涵中也应该包括生产劳动过程。生态产品的目的是用于市场交易，除了少量制造出来供自己使用外，产品都是提供给市场，通过交换被人们使用和消费的商品。产品具备在市场中流通、交易而成为商品的可能和基础。

彭文英和尉迟晓娟认为，生态产品与生态系统服务是一样的，都是对自然系统提供的物质产品的总称，包括有形物质产品与无形服务两方面内容。站在广义的角度来看，生态产品不仅包含自然系统所提供的产品与服务，还涵盖人类作用下的人工属性产品与人类劳动。

李忠和刘峥延认为，优质生态产品的内涵更加丰富，中国共产党的十九大报告提出："我们要建设的现代化是人与自然和谐共生的现代化，既要创造更多物质财富和精神财富以满足人民日益增长的美好生活需要，也要提供更多优质生态产品以满足人民日益增长的优美生态环境需要。"

（二）关于生态产品价值的研究

黄铎等认为，生态产品价值的界定是贯彻和执行生态环境保护与生态产品市场化配置的基本条件。从宏观角度来看，生态产品价值是区域生态系统为人类生产生活所提供的最终产品与服务价值的总和。在中观尺度、微观尺度上，生态产品价值作为生态系统服务的收益，不仅与自然生态环境要素有关，还与人类社会经济系统密切相关。

秦国伟等认为，经济价值、生态价值、社会价值是生态产品价值的重要表现形式，三者处于相互协调、相互统一的关系。其中，经济价值是指生态产品在市场交易环节中所带来的价值，是生态产品价值的直接体现。生态价值是指生态产品属于生态自然系统的重要构成元素，可以为人类提供必需生存物质与服务所需的环境价值，如水源、气候等，是生态产品价值的间接体现。社会价值是指生态产品在满足人类精神文化需求，以及对美好生活环境需求中所展现出来的价值，是生态产品非使用价值的表现方式。

李振红等认为，广义的生态产品价值包括经济价值、社会价值和生态价值；狭义的生态产品价值相当于自然资源资产的狭义的生态价值。

马晓妍等认为，劳动生态产品的价值包含生态资源原有的使用价值和人类劳动参与而产生的附加价值，即劳动生态产物的使用价值和生态商品的商品价值。其中，劳动生态产物拥有的使用价值是由生态资源的使用价值和人类劳动转化而来的。然而，不用于交换的劳动生态产物只有使用价值，没有交换价值。

（三）与生态产品价值实现相关的研究

张林波等认为，生态产品价值实现理念是我国生态文明建设思想的重大变革，是贯穿习近平生态文明思想的核心主线，是实现"绿水青山就是金山银山"理论的物质载体和实践抓手。生态产品价值实现的实质就是生态产品的使用价值转化为交换价值的过程。

廖茂林等认为，生态产品价值实现具有较强的现实价值与意义。实际上，生态产品价值实现与生态产品的内涵属性、价值核算等方面具有紧密的联系，通过对生态产品价值实现的研究，可以为我国绿色经济发展提供重要的助力，以实现区域协调发展。

沈辉和李宁认为，生态产品价值的实现离不开自然资源、人力与物力的紧密结合，只有达到一种平衡的状态，才能确保生态产品价值得以实现。生态产品价值实现已经成为我国重要的创新战略，与经济、社会、政治、生态等方面建立了紧密的联系，属于一项多层次的系统工程。

王金南等认为，生态产品价值实现的过程就是让生态环境与劳动力、技术等要素处于同等地位，采取有效的机制确保生态产品价值实现是现代经济体系中的核心生产要素，并将生态产品价值引入社会生产的整个过程，实现生态环境保护效益的外部化。

第三节 研究的整体思路与内容

本书研究的整体思路与内容具体如下。

第一章，引言。本章简要论述本书的研究背景、研究意义，并对国内外学者关于生态产品、生态产品价值的理论研究成果进行整理与总结，分析不同学者的不同观点与态度，阐述本书的研究思路及研究方法，为本书的撰写提供必要的理论基础。

第二章，生态产品价值实现理论框架。本章分析了生态产品形成的理论基础，主要包括可持续发展理论、人地关系协调理论、生态经济理论、马克思劳动价值理论等；研究了生态产品价值实现的内涵，并对生态产品、生态产品价值、生态产品价值实现的基本内涵进行简要论述；论述了生态产品价值的核算及我国生态产品价值实现的政策演变；探讨了生态产品价值实现的路径。

第三章，国内外生态产品价值实现的具体实践。本章从国内外两个角度分析了生态产品价值实现的成功经验。在国内方面，本章以长江中下游地区、丽水市农业、甘肃杨秸秆、西部生态脆弱区、三峡古枫香园为研究对象，分析了其具体实践过程。在国外方面，本章以国际生态系统服务付费、美国土地休耕保护计划、日本森林康养产业为例，探讨了生态产品价值实现的国外实践经验。

第四章，生态产品价值实现的案例分析——以三江源为例。本章以三江源为案例，研究了三江源生态产品价值、生态产品供求意愿及生态产品价值实现路径。

第五章，生态产品价值实现的障碍因素。本章围绕生态产品供给侧与需求侧两个方面，深入探讨了影响生态产品价值实现的因素。

第六章，生态产品价值实现的有效机制和路径。在机制方面，本章提出了生态资产一级市场、二级市场、三级市场的构建思路。在路径方面，本章提出了供给侧与需求侧的优化方案。

第四节　研究方法

问卷调查方法。本节使用的社会调查方法以深度访谈与问卷调查为主。本书通过对三江源政府工作人员、特色产业带头人、牧民和居民进行访谈，获取当地生态环境保护和生态产品供给的第一手研究材料；从生态产品供给和需求两方面设计调查问卷，分别通过实地调查和网络调查了解三江源生态产品供给和需求状况，本书的实证研究数据主要来源于生态产品供给和需求调查问卷。

统计分析法。本书主要使用描述性统计和空间交叉统计方法对调查结果进行分析，一方面通过各指标的频度和定量分析掌握生态产品供给和需求现状，另一方面借助 ARC-GIS 软件从空间层面分析居民对三江源生态产品的支付意愿，基于分析结果为三江源生态产品价值实现的路径构建和政策建议的提出提供相关依据。

定性研究与定量研究相结合的方法。本书采用定性研究的方法，对三江源生态产品价值的实现进行定性研究，通过构建生态产品价值实现理论框架，借助公共物品理论，确定生态产品的分类、内容构成和实现路径，根据回归模型找出影响三江源生态产品价值实现的因素，为问卷设计和实证分析奠定基础。本书的定量研究一方面核算三江源生态产品价值总量，另一方面通过三江源实地调研数据和生态产品供给问卷调查，结合全国居民针对三江源生态产品需求问卷调查，借助"供给—需求"模型，对三江源生态产品价值实现影响因素进行分析，结合三江源生态产品价值实现现状和困境，提出三江源生态产品价值实现路径，为加快三江源生态产品价值实现建议的提出提供依据。

第二章　生态产品价值实现理论框架

第一节　生态产品价值实现的理论基础

一、生态产品形成的理论基础

（一）可持续发展理论

可持续发展理论是人类面对各种生态环境问题，在反思过去发展方式的基础上提出的科学发展概念，主张用合理、协调发展的方式处理"人—地"关系是可持续发展理论的核心思想，进而使生态环境、自然资源的承载力与人类自身发展方式和速度相匹配。

可持续发展理论的概念突出了整体性、公平性、稳定性原则。首先，地球是统一的整体，所有国家都是地球的成员，脱离整体单独发展是不现实的，因此可持续发展需要全世界所有国家共同合作来实现；其次，地球的资源是有限的，在共同合作发展的前提下，实现自身发展的同时，保证其他国家和地区的公平性发展是可持续发展的重要关注点；最后，人类的发展要兼顾生态环境承载力与自然资源储量的双重约束，持续、稳定地推进人类的发展与生态环境的保护。

可持续发展理论的关键是平衡好发展与保护之间的关系，可持续发展是最终的选择，保证发展的可持续性是人类发展的基本手段和内容，将发展与保护两者协调统一，实现人与自然和谐共生。根据可持续发展理念倡导的整体化、稳定化和系统化发展观，人类的发展要避免从眼前利益和局部利益出发而忽略、放弃全局利益，需要用长远和整体的发展眼光来统筹兼顾眼前利益、局部利益和未来利益，在注重人类生产和生活发展进步的同时，保证生态环境平衡、自然资源的合理开发利用，以及区域间发展的协调性和稳定性。

由于生态环境的脆弱性和自然资源的有限性，在一定程度上，生态产品的形成具有不稳定性和非可持续性。同时，实现生态产品的价值是践行可持续发展理论的有效探索和积极尝试。一方面，生态产品价值实现可以协调经济、社会、生态、资源、环境等各要素在时空范围内的发展，是将人类社会经济系统与自然生态环境系统协调永续发展的重要举措，生态产品价值实现从时间序列上延长了资源的利用周期，从空间序列上实现了区域间资源的综合利用；另一方面，生态产品价值的实现要求生态、环境、资源、经济和社会等要素整体的协调，既是为满足人类基本发展需求、提高发展水平而进行的尝试，也是保证生态系统得到合理开发与保护、自然资源得到有效利用的重要手段。

（二）人地关系协调理论

人地关系是人类社会经济活动与地理自然环境之间的互动关系，是地理学、经济学、管理学等学科共同关注和研究的基本逻辑关系。人地关系论是地球科学在逐步研究发展过程中形成的地理学基础理论。

虽然自然地理环境为人类社会经济活动提供了物质基础和空间场所，在互动的过程中能够被人类改造和利用，但是人类生产生活的深度、广度和速度在一定程度上受到地理环境的制约。因此，人地关系的协调发展对人类的可持续发展有重要意义。人类对自然环境的认识经历了自然决定论和人地关系协调理论的发展过程，人地关系协调理论的形成经过了一个长期的认识发展过程。人类在利用和改造自然的过程中也在接受着自然对人类的反馈，人类对这些反馈进行收集和思考，并做出具有针对性的理论调整和实践优化，渐渐形成了人地关系协调理论，这是人地关系长期互动的结果。

因此，自然环境在遭受影响和破坏时需要通过人类生产、生活的调整来缓解和修复受到伤害的人地关系，而生态产品的出现是缓解人地矛盾的重要手段之一。同时，生态产品价值的实现是通过受益人群和政府购买等方式来购买或补偿特定生态区居民的生态产品，进而激发生态区居民缓解区域人地矛盾的积极性，不仅促进了生态环境的修复和改善，还保证和提高了生态区居民的生活水平，进而实现了区域人与自然的和谐共生。

（三）生态经济理论

生态经济理论发端于 20 世纪 60 年代中后期，该理论主要研究和探讨经济、生态两个系统在发展过程中协同演进和共生前进的理论，是基于人类社会经济活动过程中造成的环境污染和生态破坏等问题的思考，从而提出包括生态经济系统、生态经济平衡和生态经济收益在内的三个基本概念来试图解决环境问题。

生态经济系统是一个具有自我反馈和发展的复合系统。从本质上来看，该系统是一个能够自行调节并保证自身正常发展的自组织系统，但这种自我恢复和调节的功能是有前提条件的，如果系统内部和外部的作用力超出特定阈值就会破坏该功能，造成功能的退化、结构的损坏，进而导致生态系统和经济系统不能协调发展。因此，在开展经济活动时，人类从生态系统获得资源、生态和环境要素时，需要维持生态经济系统的自我调节机制正常运转，对其影响不能超过自身的调节阈值。与此同时，人类城市建设的扩张与人口规模的扩大，以及经济发展过程中产生的废弃物、污染物，应当与生态环境和自然资源的承载力相适应，并尽可能实现循环利用和可持续发展，如果生态环境遭到破坏，生态系统和经济系统的协调将受到影响，人地关系也不能协调发展。

生态经济理论要求生态环境保护与社会经济发展同步、协调进行，生态产品的出现则实现了该理论的基本要求。与此同时，生态产品的价值实现过程是通过生态产品交易实现区域产业融合、经济发展、居民生活水平提升的过程，借助生态环境的修复、保护和维持，实现生态产品的有效供给，进而改变区域内生态系统失衡的状态，实现区域生态经济系统的协调发展。

二、生态产品价值形成的理论基础

（一）马克思劳动价值理论

马克思在《资本论》中将"商品"定义为用以交换的劳动产品，同时确定商品具有使用价值和交换价值两个因素。商品的使用价值的关键是在一定程度上满足人类的某种需求,交换价值的载体是使用价值,体现了人与人之间具有互动关系;商品的交换价值是具有不同使用价值的商品按照不同交换比例进行交换,对交换比例关系标准的探索、讨论、研究的过程是商品交换价值的核心。商品的双因素是价值抽象共性体,商品会耗费人类劳动,人类通过劳动产生价值实体,劳动量凝聚在商品中的多少,即商品价值量。

马克思劳动价值理论认为商品的价值实体是由无差别的人类劳动形成的,社会必要劳动时间决定了商品价值量的大小。由于当前我国社会经济发展速度过快,生态产品的供给不能满足人们日益增长的需求,为满足需求必须通过投入人类劳动以保护生态环境和实现生态产品的再生产。因此,马克思劳动价值理论恰好证明了生态产品价值的形成主要体现在以下两方面:一方面,人类生存和发展需要获取自然资源和生态要素,人类通过劳动从生态系统中获取的过程凝结了价值;另一方面,人类为实现可持续发展,缓解人地矛盾,推动人与自然和谐共生,需要保障生态系统的稳定和生态产品的持续供给能力,人类通过劳动对生态系统进行保护和修复的过程凝结了价值。

马克思劳动价值理论为生态产品价值实现提供了理论依据。之所以说生态环境修复、保护和维持凝聚了人类劳动,是因为当地生态环境被破坏、自然资源的退化、过度放牧和鼠害引起的草场沙化等现象需要人类修复,在修复过程中,一方面支出了人类劳动,另一方面牺牲了当地农畜产品的产出,因此生态产品凝聚了人类的劳动。从交换价值属性来看,生态产品价值实现需要借助市场交换、生态产品购买等方式来实现其价值。从使用价值属性来看,生态产品具有复合多功能使用价值:首先,它能够保障人们的生存和安全需要,满足人类的基础生活需求;其次,它能够为人们提供各类生产和生活资料,保障人们社会和经济的发展需要;最后,它能够保障人们的美学需要,陶冶人们的情操,满足人们的精神需要。因此,马克思劳动价值理论是生态产品价值实现的重要基础理论之一,为当地生态产品价值实现研究提供了理论指导。

(二)生态环境价值理论

生态环境价值是由生产生态环境使用价值所需要消耗的社会必要劳动时

间决定的。社会必要劳动时间的组成分为以下三部分：第一，人类在生态环境修复和再生产过程中投入的必要劳动总和；第二，人类在生态环境修复和再生产过程中耗费的劳动时间；第三，人类为生态环境扩大再生产投入的资金和劳动的总和。

生态环境价值理论将生态环境系统视为自然资源资本；生态环境系统提供的生态系统服务具有能量流动、物质转换和信息传递的基本功能，为人类的生存和发展提供必要的资源和服务。不同的生态环境系统服务对人类具有不同的价值。当前，对于生态环境价值的核算并未涵盖人类投入的劳动，而仅关注生态环境自身的价值，因此，生态环境价值的核算多是通过核算生态系统服务价值予以体现的。

长久以来，大众认为自然资源的供给是无限的、可随意支配和使用的，生态环境并不具有价值，直接导致了人们在经济与社会活动中忽略了生态环境本身具有的价值。由于人类经济和社会的发展，造成生态环境的恶化，并影响人类的生存和发展，因此，人们为修复和保护生态环境，付出了大量的资金和精力，对于生态环境的认识发生了改变，生态环境逐渐被人们视为具有稀缺性的资源之一，并认识到了生态环境的价值，生态环境价值理论也成为生态产品价值实现的基础理论。生态产品不仅包括可见的生态物质产品，还包括固碳释氧、土壤保持、水源涵养、旅游文化等生态调节和文化产品，满足人们在物质、精神等层面的不同需求，这要求人们在消费和使用各类生态产品时，除了意识到其商品价值外，还应意识到生态产品的生态环境价值，即生态产品价值。

三、生态产品价值实现的理论基础

（一）产权理论

产权理论是经济学的重要理论之一，主要研究经济运行的制度基础，即经济运行背后的财产权利结构。产权理论的核心是制度安排，制度安排是经济交往活动的前提条件，因此，分析经济运行的首要工作是产权界定，明确当事人权利，通过权利交易实现社会总产品的最大化。产权理论是生态产品交易并实现其价值的前提和基础，同时，清晰的产权能够很好地解决外部性问题。

产权理论在明确资源所有者占有和使用权利的基础上，实现具有稀缺性资源的最优化配置，为解决外部性问题提供了重要思路和依据。随着生态环境问题的持续发展，生态产品的稀缺属性越发凸显，该属性在一定程度上决定了生态产品产权的形成和对生态产品竞争性需求的产生，同时为生态产品的市场化交易奠定了基础。

根据产权具体实现形态的不同，产权可以分为所有权、管理权和使用权。当前国内生态产品较为明确的产权为所有权，自然资源所有权属于国家和集体，私有化生态物质产品所有权属于个人。生态产品的管理权在经过行政机构改革后也有明确的归属和划分，除私有生态产品外，基本归自然资源部管理。然而，使用权是生态产品产权最混乱的领域，生态产品的种类多样性致使其产权难以清晰界定，如水、土地资源等具有公共产权的公共物品，在法律上所有权归国家，但是这种强制性的公共产权会导致委托和代理的失灵，导致经济效益受损。与此同时，生态产品的外部性问题加大了使用权确权的难度，为解决上述问题，当前国家正在推进自然资源确权登记工作。产权理论有助于明确生态产品的所有者，为明确生态产品价值最终归属、保障生态产品的价值实现提供理论依据和指导。

（二）公共物品理论

公共物品理论是新政治经济学中重要的基础理论之一，是一项有助于正确处理政府与市场关系、转变政府职能、公共服务市场化的重要理论。公共物品是指能够被全社会成员共同使用产品集合的总称，具有典型的非竞争性和非排他性。其中，非竞争性是指一部分人对某一类公共物品的使用和消费不会影响到其他人对此类产品的使用，无论是数量层面还是质量层面；非排他性是指某一类公共物品被一部分人使用的同时不能阻止其他人对此类产品的使用。

生态产品明显具有公共物品的非竞争和非排他属性，如清新的空气、清洁的水源等生态要素构成的生态产品。因此，开展生态产品价值实现相关研究时须充分考虑其公共物品属性。然而，当前人们在享受生态产品带来的价值的同时，"搭便车"的困境持续存在，受益群体的庞大造成的"公地悲剧"效应导致难以找到生态产品价值的付费者或购买者；同时，当一部分人在享受生态产品时，对生态环境的破坏影响到其他人的使用，此类"囚徒困境"效应使生态环境受损害后直接导致生态产品的供给受到影响，生态产品价值的损害者应当执行的赔偿标准需要进一步明确。因此，讨论生态产品价值的实现，需要明确生态产品价值惠泽空间范围与消费群体规模，以明确生态产品价值的付费者和购买者，对于具有典型公共物品属性的生态产品可以采用政府购买、生态补偿等手段实现其价值，对于部分群众直接享受的生态产品可以通过税收管理、行政规费手段进行支付，对于具有私人产品性质的生态产品价值的实现则可以通过市场交易的手段由明确的消费者付费。

公共物品理论的发展对生态产品价值实现具有重要意义，生态产品的分类因产权、功能、定位不同存在物品分类的多样性，生态物质产品、生态文化产品、生态调节产品在分类过程中能够从公共物品理论中获得指导。

（三）外部性理论

外部性理论是现代环境经济政策的理论支柱，外部性理论也被视为环境经济学的重要理论基础。所谓外部性，是指某个休从事经济活动时，会对其他个体产生积极或消极的影响，但并不会因为影响获得报酬或承担责任。生态环境的外部性主要体现在以下两方面体现：一方面是由于人类的生产生活对生态环境造成影响和破坏，从而对其他人产生不良影响的过程，也被称为生态环境的负外部性；另一方面是人们为修复和保护生态环境投入劳动和资金，使生态环境质量改善和生态产品供给能力提升，然而木投入劳动和资金的人群同样会因生态环境保护而获益，也被称为生态环境的正外部性。

然而，对于生态环境的正外部性和负外部性没有办法明确体现成本和价格，一方面会造成生态环境保护行为不能得到合理补偿而影响生态产品的供给，另一方面会造成因生态环境破坏所应承担的责任或赔偿小于实际造成的损失而加剧生态环境的破坏。正外部性与负外部性都会导致政府和市场出现失灵的情况，致使无法实现资源配置的帕累托最优（Pareto optimality），所以需要通过各种手段对外部性进行治理，进而实现外部性的内部化，即通过政府和市场两种途径，也被称为庇古手段和科斯手段。庇古提出解决负外部性（外部不经济）或市场失灵的条件手段是借助一定的政府干预，对边际私人产值大于边际社会产值的经济主体进行惩罚，用税收和其他行政手段来执行惩罚；对于边际私人产值小于边际社会产值的经济主体进行奖励，用补贴和补偿等手段执行奖励。其中，惩罚和补偿的额度应分别等于私人、社会的成本和产值的差额，即边际外部成本和边际外部产值。科斯提出外部效应并不是单方面地由一方对另一方的损害，而是损害具有相互性，即一方对另一方造成损害的同时，损害方也受到损害。该问题的关键在于哪方拥有损害的权力，这里讨论的权力即明晰的产权。如果产权被明确界定，前提是交易费用为零，"庇古税"是没有必要存在的，因为通过双方依靠市场机制进行自主协商即可实现资源配置的帕累托最优状态或最优资源配置效率；即使双方自主协商中存在交易费用的情况，出现市场失灵的现象时，需要权衡各项政策手段的成本和收益，并选择行之有效的政策来解决外部性的内部化问题。

第二节　生态产品价值实现的内涵

一、生态产品概念及辨析

生态产品指的是维护生态安全、保障生态调节功能，并能够为人类提供良好居住环境的自然要素，空气、水源、气候等都属于生态产品。有人将生态产品视为一种具有生态功能的服务，如森林、绿地等是可以为人类服务的。从广义上来说，生态产品是指一个地区的一个生态体系所能供给的各种商品和服务。

生态产品实际上是自然生态系统为人类的生存和发展提供的具有一定产品功能属性的纯自然要素和有人类劳动投入的自然要素的集合，其主要功能是发挥生态系统的调节作用，保障人类的生存和发展，并维持整个生态系统的稳定运行。笔者结合相关研究成果，认为生态产品基本属性包括以下几方面。

第一，自然属性。生态产品的自然属性体现在生态产品从生产到消费的全过程均需要自然界的参与，人类在此过程中也会进行一定的投入和生产工作，并且人类和自然的再生产过程离不开生态产品的支持。由于生态产品的供给总量取决于生态环境资源的变化程度，生态资源的增加会使生态产品的产出丰富，反之亦然 [①]。生态产品存在于自然生态环境中决定了其在一定环境、社会、经济条件下具有可再生性。因此，对生态环境加以重视和保护，使其稳定且源源不断地为人类提供各类生态产品，是保障人类福祉的根本任务。

第二，有限生产属性。该属性也被称为稀缺性，生态系统的平衡由系统中各类生物和非生物互相影响和作用的状况决定，自然界中生态产品总量的变动会对上述活动产生不确定性影响。由于生态系统中的物质流和能量流引起的生态产品总量的变动是在自然生态系统承载范围内进行的，超出承载范围则会引起生态系统功能的紊乱，但是人们的生活水平不断提高的同时，生态产品供给能力提升幅度有限，不能满足人们日益增长的对生态产品的需求，因此，人们的发展和需求的提升加剧了生态产品的稀缺属性。

第三，时空属性。该属性也被称为地域延续性，主要因为生态产品在时间和空间的分布差异性，一方面导致了空间分布的不均衡，另一方面导致了时间分布的代际分配矛盾。由于大部分生态产品发挥作用的区域有限，尤其像新鲜空气、森林和湿地碳汇等生态调节产品，在没有有效路径实现其价值前，由于不能直接进行运输或交易，因此不能被其他地区消费和使用。同时，生态系统需要经过一定时间的积累，从而产出各类生态产品。基于可持续发展理念，生态产品在满足当代人需要的同时，更要为未来人类提供服务。这就意味着生态产品在时间和空间范围上是有限的，具有时空属性。

第四，经济属性。"两山"理论是对生态产品价值实现的最直接理论指导，

[①] 张晓雯.基于环境重置成本法的古旧村落生态产品价值实现研究 [D].兰州：兰州财经大学,2022.

也是生态产品具有经济属性的科学论断,同时也说明生态产品能够通过市场交易机制实现生态产品价值。从供给角度来看,人类早期对生态环境不加节制地开发和破坏,使生态系统恢复受到影响,直接导致生态产品的供给效率降低;从需求角度来看,随着科技的进步和社会整体的发展,人们的生活水平和质量得以提高,对生态产品的需求与日俱增。因此,从供求关系层面来看,一方面生态产品的供给速度与人类需求速度的提升不成正比,另一方面生态产品需要市场机制运行使其价值得以实现,目前能够确权的生态物质产品和生态调节产品(流域生态产品、碳汇等)在政府的引导下通过试点实现了生态产品价值。综上,生态产品具有经济属性。

第五,社会属性。自然环境是人类的起源地和生存发展的空间,人类文明的存续和发展依赖对自然环境的开发和利用,生态产品除了自然环境产出的各类自然要素外,人类参与形成的物质形态和精神形态的生态产品对人类的生存和发展发挥着重要的作用。人类利用自然要素作为生产资料或劳动对象,对其投入劳动和资金制造或创造出各类满足人类需要的物质产品和精神产品。因此,生态产品不仅具有自然属性和经济属性,还具有社会属性。

生态产品可以分为经营性生态产品和公共性生态产品两大类。其中,经营性生态产品与传统农产品、工业产品的性质基本一致;公共性生态产品除了具备一般公共产品所具备的非排他性、非竞争性等特征之外,还具有多重伴生性、自然流转性和生产者不明等特性。生态产品的生产是一个系统的、整体的、单一的生产过程。例如,清洁水源生产是由流域上游的森林、草原、湿地等生态要素通过复杂生态过程产生的,难以将其定义为特定的地区或某一要素,因此,其所有权具有区域性或共性,无法将其明确归为某个人或某个群体。因而,公共性生态产品的价值实现与经营性生态产品不同,其价值的实现途径与方法也不尽相同。在国内外政府和机构的推动下,各地都对此进行了探索,主要包括经营开发、生态保护补偿、经济发展和绿色金融等多方面。

二、生态产品价值概念及辨析

生态产品的价值是指一个地区的生态环境为人们的生产与生存所能获得

的最终产品或服务的总和。2010 年颁布的《全国主体功能区规划》首次在政府文件中提出"生态产品"的概念。生态产品及其价值实现观念是我国生态文明思想观念的一次重大转变，随着我国生态文明的不断发展、不断深化与升华，其成为落实"两山"理论的物质载体和实践支撑。解决目前社会主要矛盾，必须妥善处理好"绿水青山"和"金山银山"的关系。而生态产品价值的实现是国家在经济、社会、政治等方面提出的一项具有创新性的战略举措与使命。因此，在对国内外有关生态产品价值实现的相关经验的总结和探讨的基础上，探讨实现"绿水青山"和"金山银山"之间的生态产品价值转化之道是当务之急。

生态产品价值包括经济价值、生态价值和社会文化价值。

（1）经济价值。生态产品的物质要素是生态资源或自然资源，生态产品需要借助市场交换、生态产品购买等方式实现其交换价值。英国古典经济学家威廉·配第（William Petty）于 17 世纪就提出劳动与土地是价值产生的并列源泉，马克思和恩格斯也在其著作中明确了自然资源创造价值所发挥的作用。由于社会的不断发展，人类经济、社会活动对生态环境的破坏逐步加深，并超过了生态环境自身的承载能力，造成维系人类生存和发展的生态产品的稀缺性日益凸显，人类需要通过加大投入劳动和资金用以改善生态环境质量和恢复生态产品的供给，生态产品正因为凝聚了人类劳动才具有生态经济价值。由于生态产品的生产过程是人类对自然生态各要素和资源的保护和修复所付出劳动的过程，因此就决定了生态产品经济价值存在的特殊性。首先，生态产品的经济价值凝聚了人类的劳动，由于生态环境遭到破坏，出现资源退化、土地沙化等现象，需要人类的治理和修复，人类在修复过程中支出了劳动；其次，生态物质产品因为产权明确，其经济价值是通过商品市场交易过程中的货币价值来衡量的；最后，大部分生态产品的经济价值由于外部性的影响、产权不明确和交换价值衡量困难等原因，通常只能间接通过人们消费生态产品过程中获得的不同效益等级来体现。

（2）生态价值。生态产品的生态价值体现在生态服务价值和生态系统生产总值两个方面。生态服务是指人们在生态系统中所能得到的一切利益。生态系统服务是指人类能够从生态系统获得的所有惠益，包括产品供给服务（如提供食物和水）、生态调节服务（如控制洪水和疾病）、生态文化服务（如精神、娱乐和文化收益）及生命支持服务（如维持地球生命生存环境的养分循环）。生态服务价值是指人从生态系统中直接或间接获得的收益，主要包括将有用物质和能源输入经济和社会体系，接受和转化废物，并直接为人类社会成员提供服务（如人们享有洁净空气、水等适度的资源）。生态系统生产总值是指一个地区的生态系统为人类所能提供的产品或服务的总经济价值，也就是该地区的生态系统所能提供的产品和服务价值的总和。

（3）社会文化价值。生态产品为人类的生存和永续发展提供了物质、调节和文化等支持服务，这关系到人类的民生福祉与未来发展，因此无论是生产制造领域的物质形态，还是精神文化领域的服务形态所组成的生态产品，都对人类的生活、健康和发展极其重要，具有重要的社会文化价值。生态产品的物质形态是有形的、可辨识测量的和可核算评估其价值的，但物质形态的生态产品所折射的自然生态、社会文化和精神文化领域的社会文化价值是无形的、不易辨识测量的，虽然对生态产品的社会文化价值进行评估比较困难，但是其潜在价值不应当被忽视。生态产品的社会文化价值有助于凝聚全国人民为建设美好家园的奋斗意志，打造强烈的民族自豪感和荣誉感；也有利于提升中国文化软实力，同时在国际上树立重视生态文明建设和可持续发展的大国形象，最终实现绿水青山向金山银山的转换，使生态产品供给充足地区的人民群众真正依靠绿水青山实现共同富裕。

三、生态产品价值实现概念及解析

生态产品价值实现的内涵如下：一方面，搭建绿水青山与金山银山之间的桥梁，将生态产品的经济价值、生态价值、社会文化价值和机会成本让渡价值通过货币化手段进行体现，借助市场化手段实现生态产品的经济价值；另一方面，通过实现生态产品生态价值、社会文化价值和机会成本让渡价值的内部化，解决具有非排他性和非竞争性特点的生态产品正外部性问题，并达到经济发展与生态环境保护协同推进的目的，使生态保护"有利可图"，实现保护生态环境的良性发展。

生态产品包含生产制造领域的物质形态农产品和工业品，以及精神文化领域的服务品，生态产品价值实现能够起到丰富品类和提高质量的作用，最终实现生态产品经济价值的提升；生态产品的价值实现通过中央转移支付、对口支援、生态产品交易等方式增强地方政府的财政支出能力，通过生态环境保护的"有利可图"实现增强生态产品供给能力的目的，最终满足人民群众对美好生活的向往。

生态产品价值实现具有制度依赖性、时空差异性和实现路径多样性等特性。

（1）制度依赖性。生态产品对制度的依赖体现在如下几方面：一是生态产品的价值实现需要一系列的制度保障，生态产品（生态物质产品、生态调节产品和生态文化产品）价值实现过程中存在障碍和困难，如直接市场化交易需要明确产权、交易市场构建和培育等制度安排得以实现；二是政府横向和纵向补偿需要通过转移支付、对口支援、生态补偿等制度安排得以实现；三是生态产品价值提升需要构建产品认证体系和打造绿色生态品牌等制度安排得以实现。

（2）时空差异性。生态产品价值实现在时间和空间上呈现差异性：一方面，在不同时间，生态产品受自然环境、气候条件等因素影响，造成其稀缺性不同而产生差异化的价值表现。例如，三江源地区夏季因气候条件优于冬季，在此期间生态文化产品的需求度高于其他季节。另一方面，不同区域因生态产品种类差异、居民生产方式的差异，导致生态产品价值实现存在差异。例如，三江源地区生态水产品较其他地区更为丰富，且当地生态畜牧业发展更具优势，是国家重要的绿色有机农畜产品输出地。

（3）实现路径多样性。生态产品价值实现路径主要有以下几种：第一，政府的生态补偿方式，也被称为政府购买方式，即政府对重点生态功能区、自然保护区、生态公益林区等区域实施草原禁牧、草畜平衡、退耕还林等措施，同时对当地民众因保护和修复生态环境，以及放弃发展经济的权利进行补偿或购买；第二，生态产品的直接或间接市场化交易，如生态农畜产品市场化交易、碳汇交易、水权交易等；第三，结合生态产业化和产业生态化路径同步推进生态产品价值实现，一方面发挥区域生态产品的独特优势，将绿水青山转化为产品优势，发展生态利用型产业、生产环境友好型产品，进而实现生态产品价值，另一方面坚持走绿色、循环、低碳发展道路，通过生产方式的绿色化，降低对生态环境的污染和破坏，实现生态产品的保值和增值，如发展生态旅游、生态农业、生态畜牧业和生态林业等。

第三节　生态产品价值的实现

一、生态产品价值的核算

（一）生态产品服务价值核算

生态产品是指人类从"环境"中获取利益的过程。Daily 认为，生态产物的服务作用是指在整个生态体系和生态进程中形成的一种自然状态和作用，以维持人类的生存。Costanza 等用生态产品和提供的服务来表达人们对环境的直接或间接的利益。在世界卫生组织、联合国环境规划署和世界银行组织实施的千年生态系统评估（The Millennium Ecosytem Assessment）的国际协作计划中，将"生态服务"看作人们从"环境中获得的利益"，并将其划分为供给服务、调节服务、支持服务和文化服务四大类。欧洲联盟（简称欧盟）在 2008 年提出了一种"生态商品与生物多样化"的"国际经济活动计划"，其主要内容包括供给、调节、栖息地和文化四大类别。

目前，比较常见的评价生态产品价值的方法有能源值分析法、物质量法、价值量法。其中，能源值分析法是利用太阳光度来衡量一个生态系统所能为人所需的各种服务或产品的方法。物质量法是指从物质品质的视角，对各种生态产品所能供给的各种服务进行量化评估的方法。价值量法是指从经济价值的视角来量化地评估生态产品所能获得的各种服务的方法。

（二）生态产品生产总值核算法

生态产品生产总值是指在一段特定时间内，生态产品所能供给的最终产物与劳务的总和，也就是在特定的时段中所产生的与流向相对应的产品或劳务的净流量，通常以一年为单位进行核算。

生态产品生产总值核算是指在资源总量变动的情况下，计算其产品供给、调节功能和文化功能，但不包含支撑性（营养循环系统）的流动。

生态产品生产总值的计算思想与绿色国民经济的核算思想是一样的，它是基于对环境资源的物质性计量的前提下进行的。从可计量的视角来分析，生态商品的核算处理包括以下两个部分：一是生态产品资产存量变化导致的生态产品和生态产品服务容量的变化，即监测与统计生态产品在一定时间内提供的各类产品的产量、生态调节功能量和生态文化功能量，如粮食产量、木材产量、水力发电量、土壤保持量、污染物净化量、洪水调蓄量、自然景观游客量等；二是生态产品供给与容量改变对整个经济体系的影响，即通过计算单位水源价格、单位土壤保持量价格，计算出整个生态商品和服务的经济效益。

（三）能值核算方法

能值核算方法是一种在环保会计中非常有用的手段，它有着一种特殊的理论与方法，因而一直备受人们的重视。从能源动态的观点来看，能源价值是一种能源或产物在形成和制造中所耗用的全部能源，并以此来构建一个通用的能源可持续发展指数。与其他的环境核算方式相比，能值核算方法的优势在于：可以将各种能源、资源、产品、劳务、服务等无法比拟、难以核算的各种资源、产品转换成一个单一的计量单位，即"等效能源"，从而成为评估生态负荷和环境经济效益的新途径。该核算法是一种量化的评价手段，用以衡量特定的商品或劳务在市场与非市场情况下所需要的能源值及它的环保价值。根据生物圈中的物质和能源的运动定律，美国著名系统生态学家H.T.Odum 提出了一个以能源学原理、系统理论和系统生态学为基础的能值理论。能源价值分析是一种非常有效的环境计算手段，其对能源和物料的详细分析使其在进行系统的研究与评估时具有十分关键的作用。该系统能够对每一业务或所储存的环境负荷进行定量，并从天赋的角度对每一种资源进行评价，而非单纯地根据个人喜好和市场偶然因素来进行评价。能量价值理论和分析方法是把生态和经济联系起来的一座桥梁，为生态经济体系的各种生态流的量化研究开辟了一条新的途径，同时也为各种物质流、能量流、价值流的测量与对比奠定了基础；可以对自然、经济、社会等各方面的实际价值及相互影响进行定量研究，从而为我国的经济发展做出合理的评估和合理利用，制定经济发展政策，实现可持续发展。

因此，运用生态热力学的观点，对自然资产和生态服务的生成进行再认识，我们发现：太阳辐射、地月引力引起的潮汐能和地热，是维持生物圈可持续发展的原动力。在循环过程中，环境产品允许能量、物质和信息的不断汇聚和扩散，同时也允许矿物燃料等高质量能量和太阳能、地热能等低质量能量在聚集和放大过程中的交互作用。在这一进程中，经济体系的真正角色是加快能源流通和释放新的能源储备，如把石油变成电力和交通服务，把矿物质变成基础设施和机械设备，把电力、机械和生态服务转变成教育、娱乐、服务等。因此，生态产品的热力学作用就是一个"缓冲器"，它可以提高能源输送的稳定性。为避免或延缓资源、能源的枯竭，某些经济"贴现"对低端能源进行反哺，以保证能源的稳定。例如，在砍伐之后，新的树木被栽种；通过秸秆还田来保持土壤的有机质和养分；循环利用物质；等等。

笔者运用能值核算方法，对自然资产和生态产品服务进行了研究，如草地、荒漠、盐碱地和其他的生态资源。生态产品服务价值是以非货币价值为基础的，它分为直接价值、间接价值和存在价值三种类型。直接价值按国家公园项目（National Parks Project，NPP）存量、土壤存量、水存量等直接价值进行划分。间接价值的分类主要是根据土壤、大气、水等介质的作用而定，土壤净化服务因其不同的生态产品而具有不同的服务价值。例如，森林生态产品具有净化土壤重金属的作用；草原生态产品除可净化重金属外，还可降解牲畜排泄物；农用生态产品具有净化人类和动物粪便的功能。降低冲刷服务的目的在于考虑到草原生态产品在抑制风蚀和水蚀方面的功能，与其他生态产品相比，它在抑制风蚀方面起着重要的作用。在有价值分类中，应将旅游休闲与文化、教育的价值区别开来，并运用恰当的能量值与货币比率；蓄水和调蓄径流以水的循环性为主，二者是湿地具有的重要生态功能，而冰川 / 永久雪是一种水体，但由于其形态特殊性被列为一个生态产物，以调整径流量。需要注意的是，有些生态产品由生态系统本身产生，有些生态系统则与人类劳动有关，需要在具体的模拟应用中对这类生态产品所蕴含的价值进行归类，因此在选择生态产品价值核算方法时，应该从生态产品自身所属的种类、市场流通情况、演化特点等方面进行核算。

生态产品服务主要包括：纯粹自然贡献所产生的服务、自然贡献和人类的贡献所构成的服务，以及以人的选择为基础的服务。在这些服务中，纯粹的自然贡献包含生物量的增加、二氧化碳的固碳释放等。应该指出，这里所要考虑的生态产品是纯自然的，并不包含人类的住宅、工厂或经济体系等。因此，采用这样的划分方式，可以为生态产品提供对比的先决条件和可能性，并排除了人类对本地开发规模、强度、技术水平的干扰。目前，大多数的生态服务是以人工为基础的，如通过伐木工的劳动、工具和设备的使用、电力等能源的消耗才能得到这些服务。农业生态产品所提供的农产品服务，包括种子、能源、机械等方面的投资；肥料、水、农民的劳动，这些都是自然的贡献和人为的投入，甚至会造成负面的服务。例如，两片同样的森林，可以提供同样的生态产品，如果一片森林因为人为地砍伐和狩猎而被利用，那么它的生态产品服务就会比另外一片森林的价值要高得多。但只要合理地砍伐和捕猎，并未导致森林的退化，那么这两种森林的自然贡献就应该是相同的，而价值的差别点应为人们在砍伐中付出的不同劳动。有学者认为，人类是利用非再生资源推动了现代农业体系的发展，所以许多生态产品的服务功能不愿被纳入农业体系；也有学者把农业生产和农产品生产中所能得到的所有服务都归纳到生态产品服务，对包括人类投资在内的许多生态产品的服务价值进行过高的估计。大坝也存在相同的问题。但是，这个问题可以通过完美地分离自然的贡献和人为的服务来解决。存在价值分为以下两大类：第一类是以人的喜好为基础的服务，包括休闲娱乐、文化教育等。这种类型的服务无法用能量值这种天赋价值的方法来计算，只能用接受价值的方式，如付款意愿；第二类是局部地区的全球服务分配，这类服务不受当地生态产品数量、流量的直接影响，虽然部分会受到一定程度的间接影响，但由于这些存量、流量是跨尺度、多尺度影响共同造成的，因此需要考虑大尺度的影响在本地尺度的分摊效应。这样的生存价值体现了生态产品的重要程度，而以人为基础的生态产品的服务则体现了它对消费者的影响。如果两个同样的沼泽地，其经济收益存在差异，或是对全球的气候变迁产生了不同的作用，则说明它们的重要程度也存在差异。

（四）环境重置成本法

环境重置成本法是另一种对生态产品服务进行估价的方法。前述生态产品生产总值核算法和能值核算方法主要解决的是从供给端正向核算生态产品的功能价值，核算结果尤其是部分服务价值需要获得市场的进一步认可，而在利用和开发环境资源的实践中，相关参与方，如政府部门、金融机构和企业更希望获得可操作的市场端价值。国内环境会计审计和环境管理领域专家周一虹（2015）提出了环境重置成本法，"从恢复生态环境功能的角度考虑，计量生态环境一旦遭受破坏后，恢复和维护它的生态环境功能的实际成本"[①]。尽管自然生态产品的服务功能很难被完全重置替代，环境重置成本法可能只体现了生态产品的部分价值，但在环保政策评估、生态项目开发等方面能够提供更贴近市场的有用信息，尤其在进行环境损害修复、生态保护补偿机制建立等环保实践中有重要的意义。

环境重置成本法是将重置成本法的原理应用于生态环境保护和治理过程中生态产品服务功能的价值估算，即将生态环境系统功能恢复到损害发生前的功能所需投入的成本，从而评估相应的生态环境价值的核算方法。该方法考虑重新复原和恢复生态环境系统功能及保持原功能所花费的代价，计量包含以下三个层次的成本：恢复成本、维护成本和战略成本/机会成本。恢复成本是将破坏后的生态环境功能恢复（或者重新购置）到以前的状态所采用的技术手段所花费掉成本的现时价值。维护成本是为了维持恢复后的生态功

[①] 周一虹. 生态环境价值计量的环境重置成本法探索 [J]. 学海,2015(4):109-117.

能所必须付出的成本，由于生态环境的保护与治理是一项系统功能，需要充分考虑长期维护和恢复所需投入的各项成本，以避免环境再次出现恶化。战略成本主要是为保护生态功能免遭破坏或保持某种生态功能而放弃的发展机会和权利，即机会成本。

（五）环境权益的核算

为了体现环境容量资源价值，发挥市场机制作用，进行环境治理和应对气候变化，目前我国开展了碳排放、排污权、用能权/节能量等环境权益市场交易。环境权益的核算主要以落实区域总量控制任务为目标，通过科学方法核算相关行业、企业的污染物排放量、温室气体排放量和能源消费量等，由生态环境行政主管部门核定相关排放及能耗的种类和数量。

环境权益的核算，要考虑地区总量控制目标、削减目标完成情况、环境容量和地区经济发展水平等因素，并与各区域污染物、温室气体和能源消耗总量控制五年规划进行衔接。

二、我国生态产品价值实现的政策演变

自 2010 年起，我国就制定了生态产品的发展计划，显示了我国对环境保护的决心。生态产品价值的实现，是我国生态文明建设观念的一次重大转变，也是中国生态文明建设面临的最大障碍。2005 年，我国第一次提出"金山银山"这一概念，并在此后五年内进一步细化和明晰生态产品的内涵和定位。2016 年，我国第一次提出实现生态产品价值的理念，并于 2017 年写入《中国共产党章程》，要求为人们提供更高质量的生态产品，以满足人们对环境的不断追求。从 2018 年起，我国以实现生态产品的价值为目标，探索政府主导、企业和社会各方面的积极作用。2020 年，我国提出以提升生态产品生产能力为目标的生态恢复。只有充分发挥"绿水青山"的作用，才能真正实现人民对"金山银山"和改善居住环境的需要。生态环境的差异已成为我国追赶世界先进水平的一大障碍，而加强生态产品的供给是实现绿色发展的有力保证。基于国外的生态服务实践可以肯定，中国政府所提出的"生态产品价值实现"是一种具有创新意义、利国利民的政策举措，同时也是一项涵盖了社会、经济、

政治等方面的系统工程。到目前为止，其他国家还没有成熟的、值得系统学习的成功经验和模式。这充分反映了我国在保护生态环境上的责任，扭转了过去所有的"西化"模式。我们必须通过自己的努力，"去其糟粕，取其精华"，解决我国的生态环境问题。

第四节　生态产品价值实现的路径

一、生态产品价值实现的主要路径梳理

（一）市场化路径

1. 生态物质产品直接交易

优良的生态条件对一般商品具有更高的经济价值。当以生态增值为基础的生态物品具备了私有物品的性质，就像大部分物品那样，可以通过双方互利、平等协商的原则进行直接交易。例如，通过生态标识技术、生态产品的环保标志为消费者带来利益。又如，将生态环境与工业发展结合起来，也就是对生态系统进行修复和提升，从而使其在一定程度上获得生态价值。其中，水系景观、绿地景观等构成都市生态环境要素，使土地增值，并推动土地价格、房产价格上涨，为消费者带来更多的利益，使这些生态产品的生态效益得以体现。

2. 生态文化服务产品直接交易

将市场机制与生态保护结合起来，使生态保育、野生动植物保护与休闲旅游、经济发展一体化，是发展与保护"双赢"的重要手段。有的地方充分发挥生态旅游、生态康养、生态休闲等独特的发展模式，如"生态文化娱乐"等，利用"地理标志"的方式来打造"品牌"，以游客支付门票、餐饮、住宿、交通等方式来达到"绿色"商品的增值。

3. 自然资源资产权属市场交易

明确我国的生态环境权，建立以许可证、配额或其他产权为主体的机制，

着重保护区域与区域之间、企业和企业之间的用水及碳排放的权利平衡制约，除此之外，那些自然资源、自然资产也应当在区域和企业之间进行较为平等的配置，不同的区域和企业应当在排污和使用能源方面拥有较为平等的权利。资源的交换和产权的交换除了买卖这一种方式以外，还存在各种银行用以产权交换的方式，如物种银行、湿地保护银行等。在一定意义上，自然资源资产的所有权买卖是一种以市场交易形式进行的生态商品的价值交换，它可以被看作一种由国家设立的跨地区（公司）之间的生态产权的交易制度，其在维护地区的生态环境方面具有许多国家的干预或管制所不能达到的效果。但是，这种明确所有权的生态商品很难实现实物的交付，只能通过虚拟的市场进行，因而需要完善相应的技术体制。

（二）非市场化路径

1. 生态保护专项转移支付和专项补偿

生态保护的补偿途径，主要通过行政手段，从社会公益角度，以实现地区的整体平衡、公共服务均等化为目的，对生态环境中的生态产品生产者进行限制或禁止，以付出劳动和机遇的代价，是把非市场化的、具有外部性的生态系统服务的增值方式转变为金融刺激的一种方式。生态环境保护的特殊资金转让与特殊的补偿是其最主要的价值体现方式，同时也是一种具有社会公共资源特性或公共物品特性的生态物品。生态环境保护资金的分配，是指国家对生态环境起着举足轻重的作用的区域给予一定的资金扶持，以保证其向所有民众供给符合社会公共资源和社会商品特点的生态商品。生态环境保护的特殊措施包括：一是国家给予的特别的生态补偿，如土地休耕补贴、生态公益林补贴等；二是省级政府对市级政府的特殊补助，一般与农业综合开发、扶贫攻坚、水土保持相关；三是区域横向的生态补偿，包括从受惠地区到被保护地区的资金，如从下游到上游的资金，以及通过"生态移民""异地开发"等间接的资金转移。从长期来看，从完全依靠国家力量逐步走向以市场为导向的生态补偿体制已成为必然趋势。

2. 政府投资或购买

对一些重要生态功能区的生态资源，如被砍伐的商品林，可以通过收购、置换等方式进行补偿，以弥补"靠山吃山"的损失，实现生态产品的价值；在生态环境脆弱地区或因人为活动而受到破坏的地区，政府将直接出资进行大规模的生态恢复，并将其承包给企业，使其能够提供相应的生态产品；政府在很大程度上扮演了监管的角色，为生态产品的供应支付了资金，从而使其能够持续、稳定地供应生态产品。从长期来看，国有土地、集体林地是农民和林农比较认可的一种公私合作模式，也是一种比较普遍的公私合作模式。

3. 税收调节

欧美国家为了保护生态环境而征收许多特殊的税种，如生态税、环保税、碳税等，对企业和个体的行为产生了一定的影响。政府通过征税来提升商品的价格，让消费者感到他们的一些行为产生了负面的外部影响，并要求他们支付费用，从而将其导向建设可持续的生态环境；征收的税可以用来发展生态环境，增加生态产品的产量，实现生态产品的价值。

4. 政府监管

生态环境保护是人类最大的幸福。以蓝天、绿地、碧水、青山为代表的优良的生态环境是最主要的资源，因为这种生态产品具有公共物品性质，它的生产供应是整个社会努力治理污染、保护环境、恢复环境的结果，其消费也是由整个社会普惠性享受的。生态产品的供应主体以国家对其进行监督的高效生态环境管理，其价值的实现途径是以非市场化的形式进行的，不具专属性和专用性，并且在任何时候都会产生。因此，要通过最严厉的法律来约束，要严控工程的准入，加强环境保护和工程建设的管理；加强对污染源的控制，保证污染物的排放达到标准，对环境损害进行严厉的惩罚，树立"环境有价、损害有责"的观念，保护碧水蓝天。

（三）系统路径

1. 空间分区

在区域和空间上，生态产品的价值体现出显著的差异。西部开发区域生态产品的价值体现出多样性、市场化的发展态势，包括政府购买、税收调节、生态休闲、生态旅游、生态农林、畜牧业等形式，为生态产品的产业化发展带来了一定的物质利益和经济利益。在我国西部广大地区，特别是处于较偏远的生态功能区，通常采用调控财政资金的形式来完成生态产品的增值。由于生态产品的价值实现途径存在空间上的差异，需要针对土地利用主体的不同功能定位，制定相应的财政政策、产业发展政策、投资政策、资源政策、环境政策、人口政策等，向"两山"转型，突出发展优质生态产业的区域，使其获得相应的收益或补偿。

2. 产权管理

在我国，森林、草原、河流等自然生态资源的所有权归属是实现森林、草原、河流等自然生态资源有效流转的前提和依据。查明自然资源的权属、面积和用途是推动生态环境与生态产品变革的根本。长期以来，我国国土空间和各类生态要素的所有者都不明确，生态资源的供给主体究竟是谁？生态资源的需求主体又是谁？生态资源的供给主体和需求主体分别需要承担什么责任？履行什么义务？享有什么权利？这些问题暂时还无法达成共识，所以激励机制就无法达成预期的效果，生态产品市场主体的积极性就无法调动起来，生态产品的交易成本居高不下，社会资本也由此持观望态度，而不是投入生态产品的生产与交易。如果自然资源的产权能够进一步明晰，自然资源的使用机制和控制机制能够进一步完善，促进自然资源资产的确权登记与颁证，明确其所有权和权利，并对其进行规范化管理，确保生态资源的收益权就能活跃生态产品市场。因此，政府要积极发挥生态资源的作用，健全自然资源资产的监管权限，建立具有明确所有权、明确权责、有效监管的产权体系，为推动生态产品的价值实现打下基础。

3. 核算评估

合理计算和评价自然资源资产，可以为生态服务市场交易、生态补偿转移支付、生态环境损害补偿制度提供依据，也可以为环境污染的责任保险等提供理论基础。当前，我国生态产品价值评价的技术与核算体系还没有形成，因此，对生态产品价值的实现机制的构建也缺少科学的依据。同时，要明确生态产品的价值实现必须建立在交换价值的基础上，而非利用价值的计算。

生态产品价值是指在生态产品的生产过程中，对物质劳动和生活劳动的投入，体现了人与人之间的关系。生态服务价值是一种非理性的经济行为，它的理论基础是西方的效用价值论。而在马克思的劳动价值理论的指导下，进行生态产品的交换价值评价是一种科学、客观、切合实际的方法。而生态产品的价值计算与评价，需要坚实的基础资料支持，建立一个统一、可视实际状况的、可根据实际情况进行动态调整的统计与监测指标体系。

4. 有偿使用

自然资源是生态环境中最珍贵的资源，对其进行开发，势必会对其所依附的环境产生一定的冲击，从而对其生态产品的供应产生一定的影响。当前，由于资源的价格不够理性，还没有充分重视因开发而导致的环境损害。要以保护优先、合理利用、维护权益和问题为指导，以依法管理和用途管制为先导，以产权明晰、市场配置和完善规则、开展试点、健全法制为途径，以创新方式、加强监管为保障，建立完善的自然资源有偿使用制度。

5. 特许经营

国家公园的第一要务就是维护和保持天然生态系统的完整性与真实性，但是在国家公园的总体控制范围内，国家公园还必须提供一些生态体验产品。可以采用特许经营等方法，明确经营者的权利、责任和义务，其中，社区居民和商家是首选的经营者。然而，在国家公园进行商业开发时，应当加强监管，严禁破坏性的开发。

6. 市场流转

当生态资源成为稀缺资源并成为产业资本的利益目标时，它就具备了商品属性。在生态产品的制造过程中，凝聚着无差别的普通人力资源，它的价值必须由市场交易和国家的补偿来体现。要使市场在资源的分配中起到关键的作用，必须尽快构建生态产品的市场化运作模式。因此，必须通过构建完善的流通机制来推动商品和产权交易的市场化，从而形成一种行之有效的价格发现和形成机制。在流动的过程中，主要包括从政府到个人和企业的一级流动，再到经营单位的二级流动。对于一级流动，有关单位应明确权利，量化产权，并遵循其利益与环境保护的基本要求，实行差别化的土地有偿流动。

对二级流动，要充分考虑到各方面的权益，让当事人自由选择，但有关方面要做好相应的认证、仲裁工作，以保证正常运作。

7. 绿色金融

没有财政的资助，就是没有绿色金融的支撑。在此以前，虽然有不少的金融企业对环境进行保护和对能源进行投资，但大多数是偶然的，其本质是出于商业利益考虑。因此，必须深度挖掘绿色融资，完善绿色融资服务系统，创新绿色融资的支撑方式，实现生态资源的有效利用。

8. 绿色认证

绿色认证制度并非一种实现生态产品价值的直接途径，但民众以超过普通商品的价格购买并消费其绿色产品，实质上是为其提供生态服务的附加价值，间接补偿了因生产而支付的生态环境的额外费用。因此，必须加强绿色认证机制的功能，加强信息披露和政府监督，自觉地把绿色认证机制作为实现绿色产品价值的政策工具予以广泛和深入的运用。

9. 社会参与

作为直接受益者的公众和社会团体，应该从需求和监督两方面着手，努力实现对环境的可持续发展；同时，要充分发挥新闻媒体、环保组织和社会大众对市场监督的积极影响，促进市场监督的多样化。要提高各方参与生态产品的价值创造中的积极性，就必须积极引导社会资金投入生态市场，大力发展生态保护和环境治理，推动第三方治理、合同能源管理和合同节水管理，发展资源型服务业、环境综合治理服务管理服务业和新型服务业。另外，要想真正达到"生态产品"的增值，就必须进一步加大对"绿色"的认识和"绿色发展"理念的宣传和教育；让人以保护环境为荣，以逃避责任为耻，以最大限度地激发生态产品生产者的热情。

10. 科技支撑

数字技术、网络技术、信息技术、生物技术、智能制造等是促进绿色产业发展的重要技术支撑和基础保障。通过技术创新的产品，可以使生态材料整个链条的技术附加值得到持续提升，从而实现价值的增值。通过新技术的运用，如信息、通信等，为偏远山区的生态资源开发创造了巨大的潜在空间。

例如，对"互联网+"技术的运用，促进了当地生态产品、文化产品的开发。应用大数据、物联网、人工智能、区块链等先进技术，将生态环境监测、大气治理、土壤治理等各种生态环境数据结合起来，建立覆盖市（县）乡及涉污企业、饮用水水源、地质灾害隐患点的各类生态环境监管机制，集生态环境展示、生态状况预警、生态应急处置、生态标准认证、生态数据应用、生态信用建设于一体，为生态产品的价值实现提供坚实的保障。

11. 调控监控

实践表明，要实现"绿水青山"到"金山银山"的转变，就必须因地制宜、因时制宜、因势利导，要在"两山"转型中掌握"度"，尤其要重视一些地方政府忽视了代际平等而采取的短期效应。推进生态产品的价值实现，应以保护和提升价值为目的，并对损害生态功能的价值实施予以坚决的制止。因此，必须对各种生态产品的价值途径、规模进行全方位的监测与预警。

12. 法制保障

因为生态产品价值体现的是各主体之间的利益和责任，仅依靠政府的临时性政策、管理等方式难以建立长期有效的制度体系，必须强化与其相关的法律制度，以立法明晰自然资源的产权关系和生态产品市场主体的职责和义务；建立相关的利益联系，以达到对环境资源的有效监管，降低交易费用。例如，解决森林、草原、湿地问题；大气、耕地、土壤、矿产资源；海洋生态系统、重点生态功能区、自然资源保护区等生态系统都存在"瓶颈"和"可持续发展"问题。目前，关于生态赔偿的法律法规各个国家自成体系，国际上缺乏系统性、可操作性和权威性，因此没有约束力。建立完善的生态补偿法律体系，对其进行规范和推进具有重要意义。

二、基于产品—需求矩阵的生态产品价值实现路径

由于生态产品涵盖种类多样，价值实现路径和方式呈现相互交错和部分重叠现象，而生态产品的分类具有分类清晰和特点明确的优势，从分类入手能够明确价值实现路径。依据产权理论，明确生态产品价值的享受者，结合生态产品享受者的需求层次不同，确定不同生态产品类别的价值实现路径，

有助于更好地实现生态产品价值。

生态产品价值实现讨论的核心问题在于解决生态产品的产权与人类需求关系的问题。澳大利亚国立大学社会学院教授 Stewart Lockie 提出市场手段能够改善生态系统服务提供者生计保障的额外潜力。他提出的产权矩阵模型（图 2-1）能够明确生态系统服务提供者的利益分配问题，以及生态系统服务需求者的权利和责任。

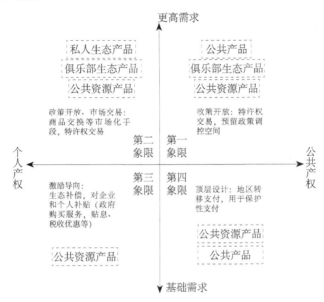

图 2-1　产权矩阵模型

横坐标代表生态产品的产权归属，纵坐标代表人类对生态产品需求的不同层次。根据前文中对生态产品分类的介绍，第三象限和第四象限凸显了人类对生态产品的基础需求，人类对生态产品的需要首先是基于生存和发展的需要，通常公共资源产品和公共产品最初由于排他性弱、产权和边界模糊等问题，虽然被人们使用和消费，但生态产品的供给者无法获取收益。因此，借助该模型，针对第四象限的公共资源产品的价值实现，政府发挥产权激励导向作用，将土地、林地、渔业资源产权承包给组织或个人，鼓励组织和个人参与生态环境保护和生态产品供给，通过生态补偿、政府购买、税收优惠等政策和制度支持的方式实现生态环境保护的"有利可图"。例如，政府通过让地区居民参与生态环境保护，通过生态补偿和转移支付等形式激励当地牧民，激发其内生动力，实现生态产品的持续供应和可持续发展；针对第四象限的公共产品和公共资源产品，政府将难以确权、衡量、核算的公共生态产品的产权集中化，使用税收、政府购买、转移支付等手段，进行跨区域的生态补偿，实现区域间生态价值的平衡。

第一象限和第二象限凸显了人类对生态产品的更高需求，更高需求满足的是人类高品质生活和精神层面的需要，通常私人生态产品和俱乐部生态产品由于产权明确、市场竞争机制作用发挥充分等特点，使人们明确知晓享受生态产品的同时，需要付费给生态产品供应者。要实现第一象限和第二象限俱乐部生态产品和公共资源产品的价值，一方面依靠市场交易方式实现；另一方面需要政府层面引导，使用开放特许经营权方式，引入社会资本管理、运营俱乐部生态产品和公共资源产品的方式实现。例如，政府可以尝试开放自然景观、人文景观、历史遗迹等经营权，同时建立考核监督机制，保证生态环境改善的同时，确保凭借社会资本进入的管理者能够获取收益。第二象限私人生态产品的价值实现需要在对称交易双方信息、权威机构认证等层面保障生态产品合理溢价的实现。例如，因地处三江源自然保护区腹地，青海5369牦牛肉除本身具有的经济价值外，生态价值也为该品牌牦牛肉的溢价和增值发挥了重要作用，凭借权威机构认证和特许经营等政策支持，使生态产品价值得到充分实现。除此之外，由于第一、第二象限的公共资源和公共产品覆盖面广、种类丰富、需求强烈等特点，公共资源和公共产品同时具备更高需求属性。例如，人类对公共资源中稀缺的生态渔业和林业资源愿意支付更高溢价以满足需要，人类对公共产品中生物多样性资源衍生出的教育、文化、科研功能等具备更高级别的需求。

三、不同生态产品价值实现路径

（一）私人生态产品价值实现方式

私人特征的生态产品的价值主要依靠直接市场交易来实现。基于市场机制的交易行为是有效连接供给者和消费者的方式，是最直接、高效和经济的价值实现路径，也是交易约束较严苛的种类之一，要求该类产品产权明晰，市场价值明确，供求双方充足。市场机制下交易的生态产品多是产权明确的生态农产品或者具有私人属性的生态产品，在此价值实现方式下，市场机制凭借价值机制、奖罚机制、交易公开等手段配置生态产品市场资源，在一定程度上避免了政府干预机制下造成的滞后、低效率等弊端。由于此类产品的需求程度伴随社会的发展逐步提升，使市场化能够有效供给此类生态产品。除此之外，由于此类生态产品的生产洁净、无污染的生态环境，较同类型非生态属性产品有更高的溢价，在实现其价值前需要确保生态产品的质量优异，并且在政府和权威机构完成生态认证和认可后解决买卖双方信息不对称的问题。因此，私人生态产品价值实现需要个人、权威组织和政府形成合力进行监督和维护，以保障此特征的生态产品市场稳定运行发展，从而保障经市场交易后的生态产品实现其价值。

（二）俱乐部生态产品价值实现方式

俱乐部特征的生态产品需要在政府监督和引导下结合市场化交易实现此类产品价值。俱乐部性质的生态产品主要包括国家评定的各级景区（自然景观、人文景观、历史遗迹等）、新开发的旅游景点和项目、以生态环境为依托的旅游设施等。由于此类生态产品的产权界定存在一定困难，政府可以通过产权激励的方式，借助制定制度和规范的办法引导个人或组织以直接经营或委托开发经营的准入方式确定所有者产权，为客户提供生态产品引导客户消费，最终实现俱乐部生态产品价值。此类生态产品的价值最终体现为门票、各类旅行消费、会员费和生态溢价等方式，在具有排他性和独占性的同时，需要确保为客户提供良好的生态产品和服务体验，满足客户对生态产品的向往和需要。因此，此类生态产品需要在政府的指导和监管下确定服务条款、标准、收费标准等，进而确保激励所有者保障和供应生态产品的同时，不仅保护生态环境免受破坏，而且实现生态产品价值，保证付费用户切实享受到好的服务和产品，使此类型产品能够可持续地供给。

（三）公共资源生态产品价值实现方式

具有公共资源特征的生态产品广泛存在于人类社会中，由于此类型的生态产品排他性较弱，正外部性问题使生态产品的享受者因"公地悲剧"现象没有支付相应费用，导致此特征下的生态产品的价值实现较为困难。通常此类产品价值需要多种手段共同发挥作用，以实现其价值。

由于公共资源生态产品易受外部性影响，此类生态产品需要借助政府和市场共同作用以保障生态产品供给者的利益。在没有完全建立各项自然资源资产权属市场前，仍需要政府从纵向补偿手段方面借助生态补偿、转移支付、税收调节等手段保障此类生态产品价值实现；同时需要政府从横向层面进行统筹协调，利用对口支援、横向生态补偿等手段实现此类生态产品价值。

产权激励是此类生态产品资源配置和实现价值的重要方式之一。产权激励的形式同俱乐部性质的生态产品类似，是将渔业、林业、土地资源等公共资源产权按照一定规则和标准分配给特定个人或组织，通过个人或组织在对生态环境保护和修复的前提下供给各类生态产品，进而实现此类生态产品价值。当前中国林地改革采用产权激励的方式，通过将集体林地产权赋予获得林地承包权的承包个人或组织，要求承包个人或组织满足生态产品供给的同时，保证承包范围内生态平衡和保护，一方面调动了承包个人或组织通过生态保护和生态产品供给后获得合理收益的积极性，另一方面保障了区域林业的可持续发展。

与此同时，将产权模糊、资源边界不清、资源使用者不确定的公共资源产权集中国有化是一种反向产权激励方式。此方式需要通过建立公共资源国有产权内部约束激励机制，实现公共资源生态产品的高效配置。国家作为公共资源生态产品的供应者，从立法和制度约束层面确立相应标准，保障此类生态产品的价值实现。三江源国家公园等国有自然资源集约管理模式就是以国家为主体供给公共资源性质的生态产品，这种途径是现阶段中国公共资源性质生态产品价值实现的优先选择。

（四）公共产品特征的生态产品价值实现方式

公共产品特征的生态产品价值主要依靠政府纵向和横向补偿手段实现，主要包括税收、生态补偿、转移支付、政府购买、生态许可交易等。此类生态产品价值实现的过程是将产品外部性产生的成本内部化的过程，在政府和市场共同作用下实现价值。

　　政府借助行政权力和市场机制集合生态资源供给公共产品特征的生态产品，此类产品最大的价值体现在全社会的民生福祉中。针对全国性和地区性公共产品属性的生态产品，中央政府和地方政府实现价值的手段主要包括税费征收、政府购买和转移支付等。针对拥有不同生态资源和优势的区域，政府通常采取差异化的价值实现方式，但主要集中于通过税费征收、生态补偿、服务购买和生态许可交易等手段实现生态产品价值。例如，政府征收环境税是实现外部成本内部化的重要手段之一，通过生态补偿机制的构建解决跨区域横向生态补偿的问题，也是常见的价值实现方式。生态许可交易是将不可量化的公共产品转化为可进行交易产品的过程，如碳排放权、排污权等，通过生态许可交易制度将不可交易的空气、土壤、流域等公共资源转化为可直接交易的排污权，使洁净的水源、清新的空气、宜人的气候等公共产品属性生态产品价值得以实现。

第三章 国内外生态产品价值实现的具体实践

第一节 生态产品价值实现的国内实践

一、长江中下游地区生态物质产品开发的具体实践

长江中下游地区通过退耕还林、退耕还湖、关闭淘汰高污染高耗能的企业、使用有机肥、轮作、套种竹荪、铁皮石斛、发展稻鱼共生等措施，提高森林、湿地、农田等生态资源的品质，从而提高依托于这些生态资源的原材料、食物等生态物质产品的品质，使生态物质产品的价值得以提升。长江中下游地区依托神农架、九岭山、张家界、巾子峰、九龙湿地等各种等级、规模的森林、湿地自然保护区，在发展生态旅游业的同时，在保护区内或周边设置营业点，向游客宣传、推介和销售具有景区特色、充分体现景区生态资源优势的生态物质产品，如木玩、有机稻米、有机蔬菜、有机茶等特色优质的生态物质产品。长江中下游地区结合政府力量，通过打造森林小镇、湿地小镇等特色小镇，引入民间资本；浙江西南部、湖北西部、湖南西部等地区同时结合少数民族聚居等实际，在举办森林旅游节、湿地旅游节、农民丰收节、少数民族文化节等生态旅游活动的同时，推广和销售木制工艺品、有机稻米、有机蔬菜、有机水果、有机鱼、高山茶、少数民族工艺品等许多体现当地森林、湿地、农田等生态资源的生态物质产品。长江中下游地区利用沿线高铁、公路、水路等优势，积极走出去，由政府旅游、农业、文化等相关部门牵头，组织当地各大景区、旅行社等去周边地区和市场，主动宣传、推介自身的优势生态资源和生态产品，并在各客源市场开设生态产品销售门店，扩大销售市场和渠道，进一步提升丽水山耕等区域内农产品品牌的影响力和知名度。此外，

该地区还通过网络、电视等线上渠道，对有机农产品、木制工艺品等生态物质产品进行开发、宣传和利用。

长江中下游地区依托丰富的森林、湿地等资源，通过建立神农架、九岭山、鄱阳湖候鸟、凤阳山—百山祖、泗洪洪泽湖湿地、九段沙湿地、扬子鳄、南岳衡山等规模的自然保护区，对森林、湿地、植物、动物等资源及其周边生态环境进行保护，并依托这些自然保护区，在周边打造和发展"旅游＋生态"等产业，将森林、湿地等生态资源与旅游、休闲等元素有机结合，发展生态旅游产业，吸引游客前来呼吸新鲜空气、休养，使这些生态资源在调节气候、体现生物多样性等方面的功能得以体现和利用。

长江中下游地区通过重点打造诗画浙江、锦绣潇湘等区域旅游品牌，整合各地具有代表性、示范性的特色优势旅游景区和景点。例如，徽派建筑、徽文化、吴越文化等文化标志和符号，涵盖了所在区域的各种生态资源和产品，使生态产品体现鲜明的地域文化特性，各种森林、湿地、农田等保护区和景区的建设中融入了当地的文化元素，将生态、旅游、文化三者有机结合，大力发展生态文旅融合产业，增强游客的文化认同感和美学体验，直接或间接地提升了生态资源的旅游价值、美学价值、文化价值。

保护生态资源是利用、开发生态资源及其产品的前提和基础，将生态优势更好地转化为经济价值提供保障。由于生态产品价值对地区经济增长具有明显的促进作用，因此保护好生态资源的重要性不言而喻。不同的生态系统，其保护管理的方法和措施可以有所不同，应更有针对性。 对于农田生态系统，应当坚持各地的耕地红线标准，自上而下严令禁止各种非法侵占农田行为，奖励那些举报非法行为的个人和组织，对非法侵占农田的个人和单位给予严厉处罚，提高民众保护农田生态系统的自觉性和积极性。依据农田的类型、质量、种植作物、地形等特点，可以分成有机农田、绿色农田、生态农田、水稻农田、小麦农田、高山农田等不同类型的农田生态系统，并依据各种农田的具体特点进行有差异、针对性的保护。另外，针对一些地区特色、优势农田资源，可以建立农田保护区，进行更加全面的保护。对于森林生态系统，可以通过建立森林公园、森林自然保护区、林地看护人奖惩机制等措施，进行有针对性的保护，如巾子峰自然保护区、神农架自然保护区等。对于以原始林为主的较大面积原始森林区，可以借助现代信息技术，实现 24 小时不间断巡视，加强巡视保护的力度和深度，如对于神农架自然保护区，可以借助无人机、遥感技术、北斗技术、大数据等现代信息技术，对保护区实行全方位的覆盖，同时加强人员的定期、不定期的巡视巡检，并对森林的生长情况进行定期的检查和保护，从而实现线上线下的全覆盖。

长江中下游地区应当立足自身，积极开展生态资源和产品的区域合作，共同做大生态产业，实现区域经济的共同发展。一方面，经济发达地区之间可以充分利用本地区的特色、优势生态产品，与周边或其他地区开展生态产品的合作，互相借鉴、学习彼此在开发利用生态资源上的先进经验和做法，实现优势互补，互利共赢。例如，浙江省可以充分利用自身的森林资源的比较优势和江苏省开展合作，互为客源市场，由相关部门牵头，各家旅行社、各家森林单位等深入江苏省各地进行森林旅游、森林精品民宿、森林文化、森林康养等品牌宣传，不断提升自身森林品牌在各地的知名度和影响力，吸引外地游客体验浙江省的森林旅游，从而扩大森林生态产品的经济价值；同时江苏省也利用自身湿地资源的比较优势，吸引浙江省游客体验其独具特色的湿地生态系统，进而增加江苏省的生态产品价值，促进经济的发展。另一方面，经济后发地区应当更加积极主动地走出去，向经济发达地区学习，借鉴其在技术、人才、资金等方面的先进经验和做法，主动进入发达市场，推介和宣传自己的优势资源和产品，开展不同经济发展水平间生态产品的合作，吸引高收入群体游览体验欠发达地区的生态产品和服务，使其能够更快地转变为经济价值。例如，江西省应充分依托靠近浙江省的地理优势，主动对接长三角，对自己的特色优势生态资源和服务进行宣传、推介，并针对邻近发达地区的目标群体，推出一系列高品质的生态旅游产品和路线，借助高铁等交通基础设施互联互通，吸引游客前来消费体验，从而提升经济后发地区生态资源由无人问津到挖掘生态价值再到转变为经济价值促进区域经济增长的能力。

长江中下游地区资源各异，各地区应结合本地实际，走出一条差异化的绿色发展之路，将自身的生态优势发挥出来，最大限度地转化为促进经济增长的动力。上海市作为长江出海口，拥有得天独厚的江海优势，应当充分利用海洋生态系统，大力发展海洋船舶、海洋渔业、远洋运输等依托海洋资源的优势产业，将海洋生态产品和服务转变为促进当地经济发展的价值。江苏省作为全国平均海拔比较低和平原面积比例比较大的省区，应当着眼于丰富的河流、湖泊等组成的湿地生态系统，根据不同等级、规模、质量设置各种类型的湿地保护区、湿地国家公园等，并在生态渔业、湿地旅游、垂钓等配套特色产业上加大发展力度，使湿地生态系统的经济价值得到充分发挥。浙江省的森林覆盖率居全国第三，拥有不同种类的丰富的森林资源，并且位于东南沿海，坐拥广阔的海洋资源，应当利用好森林和海洋资源，并结合当地民营经济发达、人民生活水平较高的优势，创新引入民间资本，打造各具特色的森林小镇、海洋小镇等旅游体，发展高端民宿、森林—旅游融合、海洋—旅游融合等具有标志性的产业，在保护自然生态的前提下，充分挖掘其中蕴含的生态价值，为当地创造财富，从而推动地方经济增长。安徽省应利用好长三角的地域优势，在森林、湿地等具有优势的生态系统上做文章，充分吸引长三角优质客源，开发当地的森林和湿地等资源，将生态产业做大做强，缩小与长三角其他地区的经济差距。

二、丽水市农业生态产品价值实现的具体实践

现在越来越多的消费者在购买商品时更加关注品牌，认为好的品牌自然能出好的商品，这是品牌效应的一种表现。基于品牌购买观念，生产者和商家必须树立相应的品牌意识，把握消费者的购买偏好。目前，丽水市通过对商家的培训，可以促使商家认识品牌建设的益处，促进品牌知名度的提高。同时，商家可以创建自己的品牌，进而形成独特的农业生态产品体系。除此之外，商家也可以与现有品牌合作，通过现有品牌的品牌效应，提高农业生态产品的销量。随着丽水市农业生态产品品牌建设进入相对成熟阶段，其农产品的品牌影响力、品牌网站在消费者中享有良好的口碑。商家应树立品牌意识，探索成功经验，打造新品牌，或与品牌合作，打造丽水市农业生态产

品专业化附属品牌。品牌知名度的建立可以带动农业生态产品的销售和价值实现，并根据消费者的购买偏好优化农业生态产品的供应流程。

习近平总书记在党的十九大报告中指出："我国社会主要矛盾已经转化为人民日益增长的美好生活需要和不平衡不充分的发展之间的矛盾。"[1]随着社会经济的快速发展，人们对未来生活质量的要求也越来越高，不仅在物质、文化等方面达到了基本要求，也不断增加对农业生态产品的需求，但同时农业生态产品的供给明显不足。巨大的供需缺口要求农业生态产品不断增加供给，为中间市场提供优质服务及产品。丽水市先进农业生态产品的供给应从多方面进行补充和强化。丽水市增加中级农业生态产品的种植面积，增加农业生态产品的产量，让更多的产品进入市场，解决供需不平衡的问题。丽水市抓好农业生态产品生产的同时，着力提高农业生态产品科技含量。丽水市科学严格地控制农业生态产品的生产过程，包括早期的种子培育、科研人才的引进、产品生产的科学规划，以及多功能农业技术装备的研发能力。目前，农业生态产品有着巨大的消费市场，绿色有机农产品及农业手工产品等都是消费者非常喜爱的。丽水市通过技术力量生产绿色有机农产品，进而完善这个高端农业生态产品市场。农业生态产品的价格远远高于一般农业产品，这样就能实现农业增收，农业发展水平也就有了新的提高。这种方式可以弥补丽水市农业生态产品的不足，促进农业生态产品价值的实现。目前，丽水市农业生态产品既有传统意义上的营销体系，也有共性的营销体系，更有个性的农产品营销体系。丽水市农业生态产品突出了产品特色和品牌特色，建立了让消费者对农业生态产品进行精准识别的品牌营销发展理念。同时，丽水市提高农业生态产品的营销和运营能力（包括专业的经营者和团队），应用最新的农业生态产品营销管理模式，对现有的农业生态产品营销思路和运作模式进行调整和创新，构建市场所需的营销体系，以适应当前消费市场的主流需求。高度专业的营销人员有效地吸引消费者，让消费者享受到非常人性化的购物体验。同时，结合"互联网＋农业"模式，丽水市农业生态产品建

---

[1] 资料来源：中华人民共和国中央人民政府网《习近平：决胜全面建成小康社会　夺取新时代中国特色社会主义伟大胜利——在中国共产党第十九次全国代表大会上的报告》一文。

立线上线下双重营销体系，有利于扩大农业生态产品的销售，促进农业生态产品价值的实现。

目前，丽水市拥有诚信程度较高的"丽水山耕"农业品牌。因此，可以基于这个品牌构建品牌营销体系，提升农业生态产品的品牌价值，用品牌价值吸引更多的消费者。为了提高丽水市农业生态产品的营销运营能力，政府通过就业补贴、资金支持等方式吸引专业的营销管理人才或团队，制订系统的营销方案（品牌、包装、农资超市对接等），在最小化不必要的营销费用的同时，最大化商业成果和农业生态产品的价值。关于"互联网＋农业"模式，"丽水山耕"品牌设有专门的线上销售平台，农业生态产品也有相应的线上销售平台，线下运营针对不同的消费者设计不同的营销模式，为消费者提供个性化的农业生态产品。

三、甘肃杨秸秆生态产品价值实现的具体实践

甘肃杨子惠众农业种植有限公司（简称杨秸秆）是甘肃省具有代表性的生态农产品生产、销售企业，该企业拥有 400 座温室大棚和 12 万亩的露天种植基地。生态农产品种植基地分布在甘肃省兰州市、白银市和武威市等多个城市，这些地区光照充足、降水集中、气温年较差和日较差大等良好气候为杨秸秆生态农产品产业发展提供了有利条件。相比于其他农产品种植企业和销售企业，杨秸秆生产、销售的是运用生物反应堆有机栽培与免疫技术种植并收获的特色农产品。该技术不仅能够改善农田生态系统生态环境，而且可以从食品安全和产品口味等方面提高农产品的品质。这在某种程度上提升了杨秸秆生态农产品的市场受欢迎度。特别是在全民关注食品安全与环境保护的时代背景下，杨秸秆生态农产品的绿色、健康等产品属性与拥有健康生活习惯的消费者的产品期望高度吻合，具备较强食品安全意识的消费者通常不惜花费较高的价格采购杨秸秆生态农产品，甚至出现生态农产品供不应求的情况。其中，微信社群聚集了诸多对健康食品具有高度认同感的消费者，社群成员彼此分享购物体验和生态农产品相关知识，提升消费者购买意愿。截至 2022 年，杨秸秆共创建 9 个杨秸秆健康菜之家微信群，包含 8 个兰州

本地群和一个外地群，拥有社群成员 4500 人，群内消费者黏性高。杨秸秆生态农产品从生态农产品全产业链分析生态农产品价值创造，能够全面细致掌握生态农产品的价值情况。基于杨秸秆生态农产品全产业链分析，科研院所、农民、代工厂和杨秸秆企业均以不同的形式参与生态农产品的价值创造过程。

科研院所提供并不断完善生态农产品种植技术。在种植杨秸秆生态农产品时，农民摒弃了施加化肥、农药的传统种植模式，而是采用秸秆生物反应堆有机栽培技术作为核心种植技术，该技术是具有生态价值、科学价值、资源循环利用价值、食品安全价值的世界领先有机农业生产新技术。正因如此，杨秸秆生态农产品具备高营养且健康的特征，其市场受欢迎度不断提升，诸多健康生活践行者将杨秸秆生态农产品及其相关产品作为餐桌上的主角。秸秆生物反应堆有机栽培技术将玉米秸秆、药渣、菌棒等物质作为基础原料，既实现了农业废弃产品的循环再利用，也改善了农田生态系统土壤状况。因此，在第 27 届农业科研成果及科教电影评奖大会上，该技术荣获了农业科学技术成果最高奖项。随着技术应用地区的增多和应用领域的扩大，秸秆生物反应堆有机栽培技术弊端不断暴露，为了改善技术弊端，极大程度地提高生态农产品种植效率，相关科研团队加大研究力度，使该技术不断完善，赋予杨秸秆生态农产品更高价值。

农民学习并运用先进的种植技术。农民参与了杨秸秆生态农产品种植、管理和收获的全过程。农民作为农产品种植的主要参与者对秸秆生物反应堆有机栽培技术的掌握程度，直接关系杨秸秆生态农产品的产量和质量。农民种植杨秸秆生态农产品技术越高超，收获的生态农产品品质越优良。杨秸秆为了加强生态农产品种植活动管理，要求所有生态农产品种植者必须接受秸秆生物反应堆有机栽培技术的培训，确保农民能够顺利开展杨秸秆生态农产品种植活动。在杨秸秆生态农产品种植过程中，农民学习、总结并运用秸秆生物反应堆有机栽培技术，保障了杨秸秆生态农产品的质量和供应量，满足了杨秸秆生态农产品的消费需求。

代工厂丰富杨秸秆生态农产品相关产品的可供销售品类。杨秸秆的经营范围并非局限于生态农产品销售，而是包含生态农产品相关产品的销售。在杨秸秆生态农产品相关产品生产方面，杨秸秆尚未投资建设生态农产品加工工厂，而是采取与其他代加工工厂合作的方式丰富生态农产品相关产品种类。具体来看，杨秸秆向代加工工厂提供优质的生态农产品，并支付一定的加工费用，委托代加工工厂运用已有的机器设备、生产工艺和人力资源将杨秸秆生态农产品加工成高品质的生态农产品相关产品。如今，代加工工厂已经生产出面粉、粉条等种类生态农产品相关成品。杨秸秆采用的这种代加工生产模式不仅能减少资金投入，而且可以丰富销售产品种类。在管理方式得当的情况下，在售商品种类越多，目标客户规模越大，企业品牌效应越强。由此可见，代工厂与杨秸秆形成战略伙伴关系，运用化工厂的机器设备、生产技术及人力资源，完成杨秸秆生态农产品精细化加工，丰富了杨秸秆企业在售商品种类，拓宽了杨秸秆经营范围，增强了杨秸秆的品牌效应，赋予了杨秸秆生态农产品的价值。

　　杨秸秆企业搭建微信社群并开设线下店铺。杨秸秆采取微信社群和线下店铺相结合的方式，完成生态农产品及相关产品的销售。其中，杨秸秆将微信社群作为销售生态农产品及其相关产品的主要平台，同时，开设线下店铺用于方便群内消费者取菜和宣传杨秸秆生态农产品先进技术与品质。截至2022年，杨秸秆共拥有9个杨秸秆健康菜之家微信群，每个微信群均处于满员状态。自2020年3月起，社群成员维持在4500人，不再增加社群成员数量，通过不断提升群员铁杆粉丝比重和结构，确保群内成员都是杨秸秆生态农产品的拥护者。微信社群营销将具备类似或相同认知能力、兴趣爱好及采购习惯的消费者聚集在一起，便于开展商品营销活动。这种营销模式不仅减少了企业营销费用，而且增加了消费者重复购买次数，提高了顾客的忠诚度，实现了生态农产品与目标客户群体的精准对接，极大地提高了杨秸秆生态农产品的销售数量和销售效率。同时，在微信群内，杨秸秆生态农产品销售者发布有关生态农产品在售、上新和优惠信息，方便杨秸秆生态农产品消费者按需购买，社群成员之间能够开展有效沟通，这种营销模式提升了销售者与消费者间的信息流动性，为杨秸秆生态农产品营销提供了有利条件。

　　比较杨秸秆生态农产品的变现价格及其价值可知，杨秸秆生态农产品完成了超额变现，也就意味着杨秸秆生态农产品价值得以实现，生态农产品价值实现率约为1.3。同时，通过观察杨秸秆生态农产品销售价格可知，生态农产品市场溢价是杨秸秆生态农产品价值实现的路径。杨秸秆生态农产品价值实现主要通过生态农产品市场溢价的方式得以完成的原因有以下两种：其一，杨秸秆生态农产品具备明确的产权，人们能够在交易市场上自由买卖杨秸秆生态农产品，市场化路径成为杨秸秆生态农产品价值变现的主要路径。其二，杨秸秆所售生态农产品都是以秸秆生物反应堆有机栽培技术作为核心种植技术，其品质好、口感佳，拥有健康生活理念的消费者愿意以高于普通农产品的价格购买杨秸秆生态农产品。在杨秸秆生态农产品价值实现过程中，微信社群成为关键渠道。在微信群内，销售者与消费者约定将每晚八点作为杨秸秆生态农产品销售的主要时间点。群内有生态农产品购买需求的成员在每晚八点打开接龙小程序，选取可供应的生态农产品品种和数量，并完成微信付款手续，购买成功后第二天按照选定的地点取菜，也可自行选择美团跑腿和小蜜蜂快送团队来配送。为了给消费者提供更加舒适的购物体验，杨秸秆还开设了线下店铺，给群内下单成员提供了较大的便利。

　　生态农产品价值的实现途径是充分发挥市场机制的作用，协调生态农产品的供给者和消费者之间的关系，促进生态农业的可持续发展。生态农业产业化、股权转让、生态农产品市场溢价是市场化生态农产品价值实现的典型方式。生态农业产业化是在资源环境承载能力约束下，以生态农产品的种植和经营为依托，综合利用农业发展手段和现代管理模式，集约化发展生态农产品，促进生态农业自我调节和自我完善的市场化手段。股权转让是通过产权为生态资产筹集资金，实现生态农产品价值的一种方式。社会各界可以协调生态农业的可持续发展，促进生态农产品价值的实现。生态农产品市场溢价是以高于一般农产品的价格销售。桂华等人指出，生态产品定量化、价值化是生态产品商品化与资本化的基础和关键，项目级生态产品价值核算是生态产品价值核算及结果应用的重要方向。

　　生态农业产业化、股权转让、生态农产品市场溢价是充分发挥市场机制的作用，利用市场力量实现生态农产品价值的三种途径。比较现有的生态农产品价值实现方式不难发现，与政府生态农产品价值实现方式相比，市场化生态农产品价值实现方式充分发挥了市场化机制的作用，更多元化的参与者、更低的运营成本，以市场为导向的生态农产品价值实现方式已成为典型。生态农产品具有安全性高、营养丰富的特点，符合健康生活群体的消费理念。

四、西部生态脆弱区生态产品价值实现具体实践

（一）丰富生态农业产业化的经营主体

目前，"合作社＋基地＋农户"是西部生态脆弱区的主要生态农业经营方式，该生态农业经营方式可以产生农业生产的"规模效应"，以实现土地连片、规模化、集约化经营。但是，生态农业产业化经营的多样性发展受到单一主体技术创新能力不足、"绿色品牌"宣传力度不大等制约。因此，引导各类主体发挥优势，推广生态农业标准化技术，打造绿色生态品牌，政府应鼓励多元主体参与生态农业开发。例如，达拉特旗的农林主管部门可以创新"主管部门＋龙头企业＋合作社＋种植集团"的农业产业联盟，依托高标准基本农田，引进龙头企业、科研院所、农业企业和农民合作社等经营主体。其中，龙头企业负责投资和产品推广，科研院所负责农业技术创新，农业企业和农民合作社负责产品生产。签订生产合同，建立权责关系，打造"达拉特地区"绿色农产品品牌，实现社会效益和经济效益双赢。推进第二、第三产业深度融合，将生态农业与生态旅游、生态康养、生态文化等产业进行融合。根据不同区域的自然地理特征和生态产品特征，顺应"互联网＋"发展趋势，建设集农业科普、旅游、产品加工于一体的服务园区。例如，鄂尔多斯市达拉特旗既是鄂尔多斯市农牧业的重要组成部分，也是鄂尔多斯市的粮食蔬菜基地。

达拉特旗可以突破生态农牧业，以鄂尔多斯市居民和周边城镇居民为主要消费群体，发展多元化服务业。首先，开发生态农业种植的体验园，让城市居民获取农业科技知识，增强节约意识，体验农业种植的乐趣。其次，发展绿色产品加工基地，可以依托资源捐赠建立绿色产品加工基地，宣传鄂尔

多斯市有机农产品品牌，增加附加值，根据"互联网+"的发展趋势，开拓线上销售渠道。最后，发展循环农业示范园，选择示范区，建设循环农业基地，通过线上和线下宣传相结合的方式，用循环农业发展模式样本传授农业科技知识，提高绿色产品的品牌知名度，增加产业附加值。在生态农业产业化经营过程中，生态农业具有明显的外部性，但经营主体对经济利益的追求容易导致道德风险和负外部性。为了解决外部效应问题，政府应充分发挥协调作用，在生态、农业和工业的管理中让多元主体共同发展，形成绿色、开放、透明的市场，实现生态、农业产业化的经营主体的合作共赢。督促生态农场建立台账，如实记录生产经营全过程情况，作为生态农业技术应用及实施效果评估的主要依据。定期检查生态农场，确保生产工艺、农业技术和操作规范符合绿色产品的生产属性，依法处罚企业违法行为。完善市场退出机制，对不符合条件的企业或合作社进行清退。

（二）完善生态旅游收益分配机制，激励产业发展

建立西部生态脆弱区生态旅游产业的科学发展模式，分析西部生态脆弱区生态产品的潜力和制约因素。在西部生态脆弱地区丰富的文化服务产品基础上，以生态旅游开发公司为龙头，以生态旅游市场为基础，以生态保护与经济增长相协调为前提，制定西部生态脆弱地区生态旅游产业的开发建设规划。中国西部生态脆弱地区具有强烈的生态敏感性，因此，在生态旅游产业化开发之前，应对开发商、管理者和当地居民进行保护生态环境意识教育，合理选择目标营销方式。对西部生态脆弱地区破坏生态产品的开发商、管理者、游客和当地居民进行合理处罚，建立旅游信用等级评价体系。构建和谐的生态旅游环境，促进西部生态脆弱地区生态旅游产品的可持续发展。将生态旅游的空间控制分为一级保护区、二级保护区、三级保护区，并根据不同等级进行生态旅游开发的空间控制。实行严格的空间保护和利用控制措施，将景区空间划分为禁建区、限建区和实验区。同时，计算旅游目的地空间旅游环境容量阈值，建立基于网络、信息技术等科技手段的旅游目的地环境容量调整系统，防止旅游目的地出现游客超负荷、旅游淡季全面复苏、生态旅游满地整顿等现象。充分发挥政府的主导作用，支持全省基础设施建

设、人才教育培训、旅游推广、强化高新技术支持等。同时，积极推进和世界旅游组织（World Tourism Organization，UNWTO）、世界自然保护联盟（International Union for Conservation of Nature，IUCN）等国际组织的生态旅游开发和生态环境保护合作,建立信息共享机制。通过交流培训、技术研究、能力建设、项目评价等方式促进生态旅游和生态保护的均衡发展。

（三）以市场化交易模式推动可量化的调节服务类生态产品价值实现

调节服务类生态产品是可以调节人类生产和生活的无形服务产品，包括高碳服务产品、氧气释放产品、负氧离子释放产品、气候调节产品、水文调节产品等。其中，高碳服务产品、氧气释放产品、负氧离子释放产品等生态产品没有物理形式，但可以通过生态监测进行量化。这种以可量化的监管生态产品为主的领域一般可以通过设置指标或产权交易平台来实现。考虑到生态保护和生态恢复是生态产品的主要生产方式，对于这种可量化的生态产品，可以从供应的角度构建生态保护和恢复招投标市场，制定生态保护和恢复的激励措施，培育各种生态产品的供应商。建立市场交易平台，通过指标配额监督生态产品交易。碳普惠是通过市场化机制促进居民生活减量化的探索，其目的是实现居民碳权益的经济价值，将居民占用资源和减少碳排放的行为转变为生态点，将生态点转变为商业利益，利用碳权益转换机制促进公民参与节能。碳达峰和碳中和目标的实现离不开公众的广泛参与。通过碳普惠平台的建设，可以创新地将碳交易的核心理念运用到人们的日常生活，将个人的低碳行为转化为经济价值，引导普通人参与碳中和。可以参考重庆的"碳汇通"系统，通过对"碳汇通"系统的探索，寻找有效的调节服务类生态产品价值实现方式。

参照土地资源市场，将生态产品交易市场扩大到适合生态产品交易的一级市场和二级市场。其中，生态产品交易一级市场以生态产品指标签订产权交易合同或土地流转合同等自然资源资产配置合同交易为主，以生态产品转让、租赁、价格入股等方式借用土地拍卖市场，包括生态产品的所有者和使用者。生态产品交易二级市场是借用土地承包经营权流转市场，生态产品使用者通过生态保护和维护项目及生态产业化管理措施转让、出租、抵押、交易等活动生产的生态产品交易市场，包括"资产包"到生态修复工程和"资产包"再流通交易。生态工程是生态产品交易一级市场的需求主体。生态产品交易二级市场的需求主体是占用生态资源或破坏生态系统开发建设的旅游企业、受法律限制的先进企业等。自然资源所有权归所有者或集团所有，生态产品由政府或集团作为一级市场供给。生态产品交易服务主体应引入生态保护，计算生态产品的数量和质量。生态产品交易咨询机构、生态产品金融机构、生态保护和保守科研机构都要引入生态产品交易咨询机构，参与投资、设计、实施、管理全过程的生态产品交易全产业链。

以生态产品交易二级市场体系为基础，参照公共资源交易平台体系建设，构建生态保护和恢复项目招标平台及交易平台。建立生态银行是鼓励多元主体参与实现生态产品价值的重要措施。它既需要地方政府的积极推进，也需要中央政府的宏观调控。在全球范围内，以绿色金融机构、绿色投资银行、湿地银行为代表的生态银行，有很多可供我国参考的实践经验。制定绿色金融基本法，完善绿色金融配套设施，推动商业银行积极开展绿色金融业务。商业银行可以设立专业化的绿色金融业务部门，提高生态保护、生态修复、生态管理、生态产业化项目的信用度，建立绿色金融信用评价体系，作为专业化企业或个人贷款额度和利息的凭证。加强专家智库建设，推进绿色金融产品和服务创新发展。探索绿色投资银行、环境治理行业、资源修复项目、清洁能源项目等绿色经济活动的指标体系和评价模式。根据批准的绿色经济项目订制融资方案。引导社会资本投资，或直接为绿色经济项目提供合理的资金支持。美国湿地缓解银行是目前典型的参考案例。根据我国国情，在完善我国自然资源资产管理制度和产权制度的前提下，可以在国家重大工程中完善补充平衡制度，以公路建设、高铁建设等为示范点，培育市场化的生态修复工程公司。

（四）以生态补偿模式促进服务类生态产品价值实现

以生态补偿模式促进服务类生态产品价值的实现，可以从需求角度建立生态补偿机制，调整服务生态产品的价值。西部生态脆弱的地区有很多难以量化的法规、服务和生态产品，其价值必须通过生态补偿来实现。西部生态脆弱区分布着多条大江大河的源头，关涉我国中部、东部几个省份生态安全的命脉。为了维护我国生态系统的稳定，西部生态脆弱地区牺牲了经济发展的机会，为我国提供了优质的生态产品。因此，在中央政府的调整下，加快西部生态脆弱地区的生态恢复、帮助少数民族地区致富这两个基本目标以保护生态环境、牺牲经济发展为代价，将中央专项资金转移到西部生态脆弱地区。与传统的生态补偿机制相比，区域间生态补偿机制具有一定的优势，区域间生态补偿机制侧重于西部生态脆弱地区。在生态补偿工作中，探索适合西部生态脆弱地区生态产业化和产业生态化的经济发展模式。另外，除转移支付外，还必须建立反哺机制和产业援助机制。其中，反哺机制是指在中部、东部地区利用生态发展红利实现经济的快速飞跃，同时要加大对西部生态脆弱地区科技研究开发和环境治理的投入，促进西部生态脆弱地区的生态保护和社会经济的协调发展。产业援助机制是指中部、东部地区应鼓励适宜的企业对西部生态脆弱区采取产业转移、技术援助等方式发展适合西部生态脆弱区的生态产品第四产业，促进地区产业转型升级[①]。

为了配合生态文明建设，我国在西部生态脆弱地区实施了退耕还林还草工程和三北（东北、华北、西北）防护林建设。该项目需要部分农牧民进行政策性移民和土地流转。换句话说，当地的生态补偿应该补偿给保护生态而牺牲经济收益的农牧民。单纯的经济补偿不适合农牧民的长远发展，不能为其提供基本的社会保障。因此，对这些农牧民的生态补偿必须改变传统思维，提供长远的发展补偿。考虑到这些农牧民更了解当地的自然资源和地理环境，是发展生态产业和生态保护修复工程的最佳管理者和后期保护者。政府可以通过定期有序的培训为周边居民提供适当的就业机会，促进相关生态产业的发展，促进生态保护的良性循环。例如，在生态保护区设立生态治理的公益性岗位，从贫困农户中招募有劳动能力的牧民进行这样的生态治理。主要工作是定期巡查林地、草原、湿地等，制止对生态保护区生态环境的破坏行为。这种措施可以有效提高农牧民的生态保护意识，提高经济效益，实现乡村振兴。

---

① 赵斌，郑国楠，王丽，等.公共产品类生态产品价值实现机制与路径[J].地方财政研究,2022(4):35-46.

（五）以生态修复模式促进生态产品价值提升

西部生态脆弱区分布着较大比例的生态环境恶劣的沙地、裸地等，同时因为自然变化造成生态产品较少，也有部分是人类活动的影响造成生态退化，如过度放牧、乱砍滥伐、采矿活动等。因此，对于生态产品较少的区域，应采取生态修复模式，建立完善的收益分配制度，以激励机制吸引社会资本参与，提高生态产品价值。只有建立针对不同生态修复主体的生态产品收益分配机制，才能促进西部生态脆弱地区生态修复的良性发展。对于政府主导的生态修复项目，生态产品收入应由政府纳入生态修复项目专项资金，用于补充后续生态修复项目的维护资金。可采用政府购买服务的方式，政府通过招标、投标将生态修复工程分包给企业，并向政府提供治理后形成的生态产品。政府支付公司治理成本和利润（包括购买生态产品）。对于社会资本投资或个人自愿出资的生态修复项目，应利用社会资本作为生态产品的供应场所，以保证生态修复后的经济效益。通过产业融合发展，可以获得旅游景观经营的收益，也可以获得将生态产品投入市场进行交换的收益。在企业与农户合作开展生态修复项目的同时，鼓励企业与农户协商生态修复后生态产品的收益。各种生态产品的价值和收益分配制度可以调动更多主体的积极性。

鼓励高校和科技公司设立研究实践基地，鼓励地方政府投资生态保护和创新科技项目，形成"产、学、研、用"一体化格局。同时，生态保护与修复有助于实现高等教育与实践的结合，落实"一刊一校""一刊一库"的方针，为第三方技术公司提供技术支撑和质量保证，提高知名高校和科研机构对生态保护与修复项目的信心和热情。鼓励地方政府以产权形式收回社会资本维护的闲置土地。社会投资维护的闲置土地属于国有土地，没有使用权。经县级以上人民政府批准，在同等条件下，社会资本投资者的国有土地使用权可以优先出让和转让。经县级以上人民政府依法批准，投资者可以长期从事种植业、林业、畜牧业、渔业和渔业生产，使用期间不得改变农用地（耕地、林地、草地、农田水利用地、养殖水面等）性质。作为建设用地，投资者可以按照批准的取得方式、期限和用途进行开发利用，并依据有关法律法规和规章进行出让。通过产权激励，激发社会资本参与生态修复的积极性。仅靠点对点协议（point to point protocol，PPP）项目将生态修复项目分包给科技公司是不利的。为了生态修复产业的后期维护和可持续发展，有必要探索生态修复前的产业发展体系，增加产业链下游市场，拓宽生态修复领域，提高生态修复的社会资本积累和公众参与。其中区域生态修复龙头企业，有丰富的生态修复项目经验。梳理项目实施过程中的规划、设计、研发、选苗、选肥经验，制订出适合不同地域、地质的生态修复方案，为客户提供生态环境建设咨询服务，拓展生态修复产业链。收集和保存各种特色的种子资源，建立种业研究所和种子库，将驯化的乡土植物应用于生态工程项目。

五、三峡古枫香园生态产品价值的具体实践

（一）弘扬生态文化，筑牢价值基础

三峡古枫香园位于重庆市万州区恒合土家族乡枫木村，其属于齐瑶山支脉，最高海拔 1353 米。三峡古枫香园内森林覆盖率超过 95%，总面积约 1000 亩。习近平总书记"绿水青山就是金山银山"的理念和"敬畏历史、敬畏文化、敬畏生态"的生态意识为该区的生态产品价值转化奠定了理论基础。加强生态文化建设，使之成为全社会共同的文化理念，需要我们长期的努力，要把生态文化建设作为全社会共同的奋斗目标。深入挖掘特色生态文化，充分揭示生态文化内涵，赋予生态资源在项目建设中的价值转换。三峡古乡村大院隔着一条深谷和巫山七爻山的主脉，远处的日出、云海和车峰山的主干线共同构成了一个元素齐全的山地空间环境。作为土家族的主要居住地之一，一代又一代的村民守护着这片森林。民国县志有载，"庙内古枫一株，径约四尺，每年春夏群鹭巢集，秋冬散去，里中以此树荣枯，觇地盛衰"，蕴含着传统生态智慧，体现了土家族人与自然和谐的生态观。据当地老人口述，在 20 世纪 80 年代初期，曾先后三批次经林业部门许可，砍伐过大松树销售到上海，但均未砍伐枫香树，森林群落依然保存较为完整。经实地调查：截至 2022 年，枫香树树龄 500 年以上的有 235 棵，直径最大的树需 4 人合围；松树树龄 500 年以上的有 23 株，直径最大的树需 3 人合围，最高的树超过 40 米；栗子树树龄 500 年以上的有 38 棵，直径最大的树需 3 人合围。这些宝

贵的生态资源奠定了三峡古乡村大院价值转化的生态基础。三峡古乡村大院最快捷的增值渠道是把生态资源变成生态文化产品。在三峡古乡村大院项目建设中，根据土家族传统生态观，生态文化产品被赋予古树文化故事，于是古树成为旅游资源。这一旅游资源展现了一幅人与自然和谐共处的生动画卷，传递的是一种渴望和谐美满的情感。三峡古乡村大院项目建设目标在于让游客感受大自然的馈赠，并培养游客形成亲近自然、认识自然、保护自然的生态意识。在项目建设中，三峡古乡村大院项目充分利用当地良好的生态环境，积极开发生态文化产品，建设森林浴场、瑜伽馆、枫香基因库、森林墙、硅化木展陈等场所，设置森林教室、呼吸教室，种植土盐。通过现场学习、课堂教学等方式，大力弘扬生态价值观，把生态文明建设作为干部教育培训的重要内容，打造党校现场教育基地。三峡古乡村大院项目助力青少年研究开发森林产品，加深青少年对生态文化的理解，培养生态文化观念。

（二）做亮品牌文化，提升价值影响

习近平总书记指出，"中华优秀传统文化是中华民族的根和魂"[1]。中国传统诗词里的枫叶受到许多学者的推崇，成为中国文学的重要意象。唐代李贺的诗句"枫香晚花静，锦水南山影"广泛流传于三峡地区。三峡古乡村大院项目建设中，该项目以生态文化为基础，以发现和阐明枫叶文化为重点，大力塑造"枫叶香"品牌，实现枫叶文化的创新发展，促进生态产品价值的实现。枫叶在流传千年的动人故事中寓意丰富，它不仅可以向深情的恋人表达永恒的爱，还可以祝福亲朋好友。中医认为枫香树皮有除湿止泻、祛风止痒的功效，果实"路路通"有祛风利尿的功效。枫香印染技艺是国家级非物质文化遗产。在项目建设过程中，枫叶文化已经融入旅游景点、民宿建设运营、旅游产品开发、艺术节活动、休闲体验、餐饮等部分。"凤翔"系列品牌民宿，以枫叶为建筑造型，以枫叶红为建筑门框色。为了扩大产品的影响力，衍生出枫叶文化形式，进一步凸显产品的特色。三峡古枫香园打造了"凤翔""深情"特色 IP（internet protocol），开发卡通玩偶等旅游产品，举办卡通巡游等活动，吸引游客参与制作凤翔书签、凤翔蜡染，形成凤翔文昌产品体系。三峡古枫

[1] 摘自习近平总书记在中共十九届中央政治局第三十九次集体学习时的讲话内容。

香园挖掘枫香价值，如枫香足浴等特色产品，实现潜在价值的市场化和产业化利用。三峡古枫香园被评为市级森林康养基地。三峡古枫香园举办"枫叶染红"艺术节，组织文学、美术、摄影比赛，传承枫叶文化。同时以枫叶为主线举办主题相亲活动，在海拔 1314 米的景点安装同心锁，一起在凤翔塔敲钟，讲述永恒的爱情故事。

（三）传承地方文化，丰富价值内涵

习近平总书记指出，"坚持创造性转化、创新性发展，找到传统文化和现代生活的连接点，不断满足人民日益增长的美好生活需要"。三峡古枫香园生态产品价值建设注重文化传承，挖掘利用地方特色文化，为绿水青山的增值转化提供了广阔的通道。同时，在红色文化资源丰富的古枫三峡设置"粮食玩家的藏身之处"景区，鼓励游客寻找革命的足迹，激活红色记忆，让学生重温革命历程。三峡古乡村大院项目充分利用土家人丰富的生产生活资源，使土家文化得以生生不息地繁衍。三峡古乡村大院项目挖掘土家族猎人梅山娘娘的传说，设置"猎神岩""梅山丹"等旅游景点，让古林充满生机。在青山绿水的增值转化过程中，土家族民俗文化大放异彩。三峡古乡村大院项目入选重庆市乡村旅游重点景观，"香枫经济"得到有效发展。民宿外的山窝窝，原栽有果树，但已无人经管，通过巧妙梳理，建成枫香花园，并植入"山窝窝""穷窝窝""银窝窝""金窝窝"等小品景观，山坳里生长出故事，绘出了乡村经济振兴的幸福画卷。当地土家族人留下的猪圈，其屋顶、墙体均以石料砌成，建筑特色鲜明。最大化保留原貌，建成"猪圈吧"，展示浓郁乡土气息。左右线分属重庆市和湖北省的"土家 1 号公路"，因其跨两省（直辖市）土家族聚居区而名，也因与远处的风车群、近处的民宿群共同构成美丽景色而名。这条网红打卡公路，承载着人民对美好生活的向往，连接着"绿水青山"，也架起了"金山银山"。

第二节　生态产品价值实现的国外实践

一、生态产品价值实现的国外实践探索

（一）国际生态系统服务付费探索

当前各国在森林、流域、湿地，在矿业、生物多样性和自然保护区等方面进行了大规模的生态修复工作，以及生态采购、生态服务付费模式的探索。

第一，市场对林业的增值进行补偿。哥斯达黎加于 1996 年通过《森林法》，搭建了一个基本框架来保证资金管理安全，由生态系统服务需求方、提供方、支付标准、国家森林基金组成，并对能源和水征收能源税，对排放二氧化碳及用水的人收取费用。根据自愿参加的原则，政府与森林拥有者签订森林保护、造林和森林管理协议；四种类型的承包，包括自费造林、造林、保护、管理等，由各单位承担环保服务的费用。哥斯达黎加的森林补偿机制是以市场引领的横向生态补偿机制下运行的，其生态服务提供者与生态服务付费者之间不具有行政隶属关系，国家森林基金、生态效益提供者生态效益付费者平等参与其中。

第二，以公司为单位的水资源价值实现模型。由于水源地的水质遭到了严重污染，法国伟图矿泉水公司从建立新水源地、建设过滤厂、净化水源地三个方面，选取了一种以净化水源为目标的水源地。从 1999 年至 2005 年，法国二氧化碳排放量便下降了 1100 万吨；该公司投资 900 万美元购买水源上游地区 1500 公顷农地后，无偿将土地交付给农民使用，并每年向其支付 320 美元／公顷的土地补偿，连续支付 7 年。同时，公司还资助农户购置现代化的设备，把耕地转变为发展高度集中的奶制品农场，改良畜禽粪便处理技术，禁止使用农药等。这项举措极大地降低了非点源的污染，也极大地改善了水源的自我净化，同时治理得很好的牧场每年还可以提供大约 3000 立方米的饮用水。这种方法不仅可以保证饮用水的质量，而且可以节省公司的费用，给当地的农民带来更多的利益。

第三，以流域价值为基础的综合开发模型。美国在长期的资源掠夺和开

采的大环境下，建立了一个由田纳西河流域管理局组成的联邦政府机构，其宗旨是"防洪、航道疏通、发电，控制侵蚀、绿化、发展"，负责统筹协调整个流域。为了增强流域人民的环保意识，该局在水利建设项目上给予了一定的优惠，同时也为当地居民提供了工作岗位的补贴。供电公司为该流域的居民供电，农资公司成立的化肥研发机构，指导农户因地制宜，合理使用土地，并建立了经济发展贷款基金，以推动区域经济发展。自从 1960 年政府公债发行并顺利运转后，公债推动了发电盈利，并对流域的资源进行了有效的整合与管理，使流域的经济价值持续上升。

第四，利用储备进行湿地增值的交易模型。湿地补偿银行旨在对受损湿地进行恢复，新建湿地，加强现有湿地的一些职能，保护湿地和其他水资源，以"信用"的形式、合理的市场价格向湿地所有者兜售，从而补偿由开发项目造成的对湿地和水资源的损耗，实现湿地的"零净损失"。要达到这样的目的，需要建立清晰、约束性强的法规体系，赋予各市场主体足够的自主性，并通过重建新的湿地来补偿人为损害的湿地，从而达到生态系统的总量与功能的可持续均衡。从世界范围来看，以湿地纾困机制为代表的金融发展模式已被许多国家采用。

（二）生态保护修复——美国土地休耕保护计划

美国独立以后，随着人口迅速增长，大量的耕地被开垦。农机技术的发展和现代农机的发展，使耕地的集中机械化程度得到提高。1929 年，美国议会批准美国农业部门从事水土流失的调查，并设立专项资金。美国通过现场考察和监督，启动了一项规模庞大的国土环境和生态补偿方案。其中，生态补偿方案主要有保护储备计划、湿地储备计划、加强保护储备计划，其他类似于上述计划的政策，如支付成本、保护法规遵循等。这些政策就是美国的土地休耕生态补偿方案。

自从美国实行土地休耕制度以来，就制定了一套专门的法律法规并贯彻执行。1933 年颁布的《农业调整法案》规定通过征收某些特殊的作物来弥补耕地的不足，从而缩小耕地的规模，并对农产品供应进行管制。然而，这项议案在法律上引起了争论，关于它违宪与否，最终美国联邦最高法院给出了裁决：因为《农业调整法案》并未保证农民的绝对所有权，这与美国的宪法不符。这项裁决的出台，直接促成了美国《保护调整法案》和《农业保护计划》两项相关法律的颁布。这两项法令的目标是为从事农业生产的农场主提供即时保护。美国还于1962年颁布了《食物和农业法》，旨在促进土地的长期休耕，以使耕地得到适当的恢复。

土地休耕制度是一种自愿性制度。由政府农业部门拟订休耕计划，农民既可以选择不参加休耕计划，也可以选择自愿申请参加休耕计划。如果农民的申请获得通过，农民作为休耕计划的成员，每年会从政府那里获得一定的租金，如果他们参与特定的农业活动，还会获得一定的奖励。此外，为了维护土壤的安全，国家还向农民发放费用补助。美国土地休耕的生态补偿在执行上可划分为国家、州和土地拥有者三个层面。

第一，国家层面。土地休耕方案建立了一项奖励机制，以鼓励农民在农田中种植诸如草原、灌木丛、森林等永久性植物，以促进生态资源的长期保存。这些植物不仅有利于保护土壤，而且为野生生物提供了栖息地。美国建立了全国性的商业信贷公司，其职能是为参与农业生产项目的农户提供年度融资，其中包含土地的租金和植物保护层费用的二分之一。在休耕区内，选择哪种植物保护层是由农业部门和环境保护部门的负责人共同决定的，双方会签订一份为期10~15年的休耕协议，将水土流失较为严重或生态环境敏感的耕地转化为林地、草地。政府针对农户设立了土地租金补贴、技术援助、税收抵扣等补偿措施。

第二，州层面。参加休耕的大部分地区在大平原的北部和南部，其中包括艾奥瓦州、伊利诺伊州、华盛顿州、爱达荷州。美国农业部农场服务局和自然资源保护处均与各州及当地对应部门建立了协调部门，以执行与土地休耕相关的保护项目。县农委（当地推选出来的）和水利部门，利用人力和技术资源为该地区的休耕项目提供资助，并雇用工作人员直接参加休耕项目。

第三，土地拥有者层面。土地拥有者和农业经营人参加休耕项目的主要途径是提供休耕用地。参加美国土地休耕项目的土地必须符合以下条件：在过去五个季节内至少有两个季节的作物，已在其他保护方案中注册的不重要的草场，属于河流或水域的缓冲区。在以上任何一种情况下，参加休耕的土地必须具备以下特征或资源：一是水土流失指标等于或超过 8；二是被视为水土流失程度较高的土壤；三是对生态保护有利，如河流缓冲带、草场排水道、保护地带等；四是容易受到侵蚀；五是美国联邦或州地区的耕地保护优先地区；六是与非休耕湿地有关或环境非农耕湿地的农田。凡达到以上条件的，其业主或农庄业者可按有关手续提出申请，申请批准后，和联邦农业部或其属州农业服务管理局签署一份土地休耕合约，并收取每年的租赁费及植物保护层所需的费用。

美国议会及政府推行了土地休耕制度，采用以政府为主体的补偿方式来鼓励农场主，取得了较好的成效。在土地休耕规划的最初十年里，能否有效地控制水土流失、增加粮食生产和经济效益，成为社会关注的焦点。但是，由于每年都在实行耕地休耕，人们对此所产生的生态效益和社会效益也感到非常满意。通过观测和研究发现，水土流失对农作物和经济的危害要比它对生态环境造成的不良影响小得多，包括水质、鱼类和野生生物的生态环境，还有如大坝、沟渠、运河等公共设施的冲刷和沉降。通过对耕地进行休耕，提高了生态效益和社会福利水平。鉴于这一点，美国农业部在 20 世纪 90 年代以后开发了一个环保效益指数，用于评价每个被宣布的休耕耕地的生态特性，其中包含以下几个准则：改善地表水质，改善地下水质量，协助从事休耕项目的生产商解决可能出现的问题，等等。其目的是争取让政府付出的每一美元生态补偿都能带来最大的环保效益。

（三）生态产业化——日本森林康养产业

日本的森林康养产业以森林疗养为主，森林浴是其中一种重要的活动方式。日本其实是从欧美等国家引入森林浴理念和实施方法的。森林浴是人在天然的、以树林为主要特征的地方，利用林中小径步行，在树林里放松休息，达到放松和改善身体状态的目的。因其特殊的养生保健效果，在日本被称为"森林疗养"。

日本的森林疗养是在 1999 年由日本的森林学会发明的，最初应用在一些残疾人中，之后被广泛应用于有精神疾病的人群、老年人和儿童。在休养期间，游客可以到森林旅游区短途休憩，他们在树林里漫步，让自己沉浸在大自然中，享受大自然的气息，呼吸来自森林的清新空气，聆听森林中风吹过的声音，欣赏一望无际的绿色，从而达到放松和减压的效果，充分地发挥保障健康和预防疾病的作用。

日本林野厅于 1982 年提出森林浴的概念，目的是让森林漫步成为一种人们普遍的生活方式。20 世纪 90 年代，森林浴概念的普及已经初见成效。为进一步促进森林疗养事业的发展，日本于 2003 年成立了森林疗养协会，并以此为契机，开发了许多森林疗养场所；根据人们的修炼和休闲需要，引导企业进行投资，既能获得收益，又能保护当地的森林资源。

日本把建立森林治疗基地作为促进森林康养的一条主要途径。自从日本林野厅于 2004 年颁布《森林疗法基地构想》，第一次引入"森林治疗基地"的概念后，日本的"森林治疗中心"计划也随之展开，并得到森林疗养协会的认可。从 2006 年起，通过认证的森林疗养基地已经发展到从北海道到冲绳的 62 个由北到南的林地治疗中心。这些基地对提升国民的身心健康、改善国家卫生水平起到了非常关键的作用。

1. 日本森林康养的政策促进

（1）确定观光立国政策，致力休养林建设

1986 年，日本经济状况迅速好转，国民的生活压力和工作压力得以减轻，在收入增长的情况下，闲暇时间也增多了，因此国民开始将更多的时间和精力放在自身的健康状况上，并且乐于为自己的健康投资，他们希望到自然中去休养。因此，为了适应国内游客的需要，日本政府制定了天然休养林政策，发展森林观光。天然休养林是一种自然风光秀丽、适宜于森林浴、自然观察和户外体育锻炼的地方。因此，日本在强化林业管理和调控的基础上，将一些国有林地划归为天然休养林，既可以达到保护国家生态环境的目的，又可以促进国家对其合理地开发和使用，从而增进国家的民生福祉。

日本政府于 2016 年 3 月推出了"日本旅游之梦"计划，天然休养林示范基地则是这一计划的一个重要工程，以供国外游客参观。为了更好地发挥自然风光效应，丰富旅游资源，日本林野厅自 2017 年开始，以国营休养林为中心，在山区开展林业旅游活动。

（2）推行森林疗法向导制度和森林理疗师资格考试制度

森林疗法向导是一种为提高森林浴效果、带领到访的参观者进行实地步行或健身活动的导游，这些从事导游的人员构成以当地人为主，很少有外地人。其原因主要包括以下两点：第一，导游的招聘具有政策偏好，倾向于录用当地人，旨在为当地人提供更多的工作机会，从而促进当地的经济发展，维护社会稳定。第二，当地人对本地森林的地形、地貌等状况更加了解和熟悉，在上岗之前不需要经过很久的岗前培训。而外地人对当地森林的内部情况并不是很了解，为了使其能够胜任导游工作，在上岗之前需要对其进行详细的岗前培训，这需要耗费大量的时间和金钱。森林理疗师的职业要求比森林疗法向导更高，他们不仅需要具备一定基础的森林医疗技术，还需要掌握一定的森林常识、生态学知识、药学知识、心理学知识和急救等安全保障技术，也需要具备专业的卫生和心理知识，具备良好的交际能力，从而为森林治疗者提供优质的健康计划，并指导实际的森林治疗。要考取森林理疗师资格，必须在每年举行的笔试中一次性通过，然后通过二次测试（如提交论文等）。自2015年开始，日本卫生学会森林医学研究会采用网上授课，以电子形式发放证书。只有通过了认证的人，才能获得森林理疗师的资格。日本森林理疗师资格考试从2009年开始到2020年为止，有840人取得一级证书，2300人取得二级证书。

（3）对国营休养林给予资金支持

日本政府在森林康养方面增加了投入资金。为推进实施"观光立国"的方针，加速国营休养林的发展，林野厅于2016年8月31日在2017年财政预算案中提出申请金，其中包含将近3亿日元，用于休养林的高效使用。另外，林野厅还在2017财年预算中增加了25亿日元的项目资金，包括"最大限度地利用森林景观，创新使用森林资源"，在国营休养林示范基地建设人工林带，制作多语种可传播的宣传海报、宣传手册，建立网站等。

此外，日本农业发展局还将申请的150亿日元用于农山渔村的复兴补助，并与"乡村民宿"等计划一起，推动森林中的木质房屋建设和导游的训练。

2. 森林康养推动机制

（1）以团体协会为主体开展森林养生

自从林野厅宣布放弃有关森林治疗的工作之后，日本的有关组织就成了主要的推动力量，其中以森林疗法协会和森林医学研究会为代表。

森林疗法协会于 2008 年 3 月成立，由政府、学术界和民间团体组成，目的是让民众了解森林在医疗、治疗和预防医疗中的发展潜力。因此，协会定期举办三项活动：第一项是森林自我疗养体验，让民众亲身感受森林可以治愈，并从自身对森林和健康的观点来探索森林疗法；二是举办关于"森林自我疗养"的讲座，针对"为什么森林可以带给人们健康""森林自我疗愈是怎样实现的"等问题开展细致的森林治疗课程；三是支持人们自主学习，也就是鼓励民众在自己学习了森林健康知识后，把知识传授给他人。

森林医学研究会也是森林疗法的一个重要协会。该协会成立于 2007 年 3 月，致力于推动森林浴与治疗，推动森林医药发展，并与林野厅、综合森林研究所、森林疗法研究会及其他有关团体开展森林医药研究。通过设立讨论平台，让企业、大学、自治体等各界人士与对森林浴和治疗有兴趣的人士及学者，在全国范围内进行森林浴与森林疗法的普及，并运用森林资源维持与提升国人的身心健康。

（2）森林疗养基地准入制度

日本的森林康养业实行的是市场化经营，但是国家在森林康养方面的政策是井然有序的。首先，把用日文书写的"森林疗法"作为一个品牌，把森林疗法步道、森林疗法基地、森林疗法师纳入商标权的范围。其次，推广森林治疗的基础设施和路线。保证在评估自然、环境和设施等情况下，符合适当的环境和设施，以及前往基地参观的必要情况；在住处休息和管理上，符合森林服务的实际做法和内容，以及服务当地居民的模式；并对该地区的中长期可持续发展进行了系统规划；同时，开发适合当地特点的森林治疗项目。

建立森林疗养基地，首先要求基地内的步道有两条或两条以上的斜坡。其次就是要有住宿的地方，如果游客在进行森林疗养的过程中感到疲惫，就可以到住宿的地方休息。在确定是否适宜用作森林治疗基地之前，必须对放松效应的实际验证结果、自然状况和社会状况、（基地）住宿设施等进行综合评估。在实施森林治疗基地时，应至少有一条公路较宽、坡度较小、便于步行的道路，才能通过认证。

在此基础上，疗法步道的数目与长度对森林康养基地的建设有很大的影响。日本森林治疗路线的坡度应小于 5°。而步行道的平均宽度应为 1.5 ~ 2 米。道路两旁 5 米以内的灌木丛、藤类必须清除，以防游客被路上的藤类绊倒，或者被灌木丛刮破衣服，从而确保游客的安全。

（3）地方政府积极推动森林疗法项目，发展森林养生

日本各市町、村等地区都对林康产业有浓厚的兴趣，并将其视为推动当地经济发展的一个重要手段。在这些地区，长野县信浓町作为日本最知名的森林治疗中心，其得天独厚的地理位置为实施森林治疗计划创造了有利条件。当地民众成立了"林中小憩"森林疗法研究会，并在长野县政府的协助下，借助林野厅的资助机制，发起林中疗养计划。

该计划的实施效果很好。信浓町于 2005 年成为日本首家获得认证的森林治疗基地。信浓町于 2010 年注册"森林疗法"，开办森林治疗管理课程，自行认证森林理疗师，建立森林疗法驿站，以本地食材为基础，建立森林治疗中心，并逐渐细化完善相关事宜。

信浓町也与多家公司及高校强强联合，在日本首创了森林治疗。在 2013 年，信浓町已经制作了英文版和韩文版的森林治疗计划，并与韩国合作，在最受欢迎的林间漫步和森林治疗的基础研究上又进了一步。"林中小憩"森林疗法研究会于 2016 年联合其他公司成立信浓町林中生命社群，协助培育林中医师。针对民众的森林治疗经验，每月举行一次（除了 12 月）经验分享会，更好地实施了森林治疗计划。

在推广休养林的发展背景下，日本各地政府也希望借此发展观光旅游业，以促进当地经济建设；政府部门与森林部门共同努力，共同推动这方面的工作。日本地方政府还与林野厅合作，以改革和发展日本的森林观光为抓手，提高休养林乃至全国的森林建设质量。

二、生态产品价值实现的国外实践经验

在全球范围内，以"八大公害事件"（分别为比利时马斯河谷烟雾事件、美国多诺拉烟雾事件、伦敦烟雾事件、美国洛杉矶光化学烟雾事件、日本水俣病事件、日本富山骨痛病事件、日本四日市气喘病事件、日本米糠油事件）为代表的全球性生态危机爆发后，各国纷纷启动了大规模的生态保护与恢复工程。英国、美国和法国等从 20 世纪 80 年代开始大力推进生态公益事业的私有化，为其在市场经济中的运行提供了制度上的可能性。在 40 余年的发展历程中，发达国家生态产品的价值实现体系日趋完善。

（一）系统化的制度体系

从法律、资金、技术等方面建立一套系统化的生态环境保护体系，从而为实现生态产品的价值提供法律基础，这是西方国家在实践中总结出来的重要经验。在法律保障上，发达国家十分重视生态产品价值的实现，德国生态农业、芬兰森林生物多样性、英国环境敏感地区、美国土地退耕保护方案等，都在不同程度上对实现生态产品价值的预期目标、实现方式、交易价格和执行时限进行了明确说明。为了保障和推动生态产品的配额交易，各国在遵守《联合国气候变化框架公约》《京都议定书》《巴黎协定》的基础上，对本国的具体实施方案进行了立法，例如，欧盟制定了《共同农业政策》《排污权交易指令》《欧盟温室气体排放交易指令》（又称《ETS 指令》）等。

在资金支持上，除了对生态系统的一些关键地区和易受生态影响地区采取了财政转移方式之外，还采取了以市场为基础的方式来实现生态保护的可持续融资问题，其中有欧盟的 LIFE 计划、生态银行（如湿地银行、物种银行）、生态效益债券、生态保险等。又如，德国为了平衡州际的生态公共事业，建立了国家间的资金收支均衡资金；爱尔兰于 2013 年发起了"2020 年泥炭土地保育行动"，将沼泽地的各种生态服务职能与政府、国际组织和企业相结合，从而获得来自社会团体等社会各界的多种形式的赔偿基金。

在技术保证上，除部分森林草原和湿地外，其他国家的技术支持较少；除国家公用事业以外，其他的都是私人财产。例如，美国约三分之二的森林

由某个家族拥有，而芬兰超过一半的森林是由个人或家族拥有的，国家拥有的森林资源其实并不多。而生态商品的交易定价是基于生态保护成本、机会成本和生态服务的利益关系，通过消费者或中介机构（一般是国家）与供应商协商决定的。

（二）多元化的激励体系

发达国家政府通过引进多种激励机制来解决生态产品供给和需求之间的矛盾。在政府采购模式下，生态保护项目以三种形式的奖励机制引导农民自愿参加：一是政策或财政方面的赔偿，包括税收减免、低利率贷款、项目扶持等。例如，英国克摩尔斯 -NATO 的生物多样性保护方案，规定农民必须采取传统的农耕方法，并且至少要把 50% 的时间花在农田上，这样农民就可以得到至少 50% 的收益；纽约市规定，在 Catskill 河谷上游 50 公顷以上的林地拥有者可以免除 80% 的房地产税。二是以实物形式进行赔偿。例如，纽约政府将自己的土地出售给没有优先发展的公司（私营），但是，公司（私营）也要采取最佳的管理办法；对削减森林砍伐量的木材公司发放以前未经批准的采伐许可证。三是知识和技术上的补偿。常见的为农民提供相关技能培训，提供产品开发、技术推广服务。

（三）契约化公私合作体系

新公共行政运动的兴起，使传统的政府包办向私有化、特许经营、合同外包等公私合作模式演变。发达国家联邦政府和各州政府将竞争机制引进生态公益事业，但其对合同体系的构建十分苛刻。[1] 在组织结构上，多数政府设立了政府层面的 PPP 项目管理机构，提供投融资、项目运作、风险管理等技术服务。同时，建立 PPP 项目的管理程序，明确项目的权利，规范资金的使用，并对风险进行有效的预防。在生态产品的经营上，建立长期合作观念，针对不同生态产品的特点，制定严格的评价标准，并注意风险的分摊与收益的分配；同时，对生态产品项目进行 PPP 融资的可行性进行严格的评价，以保证运行的稳定性和可持续性。例如，英国在项目谈判的时候，政府就与私营部门详细地按照标准合同的方式进行了多次协商，包括双方的权利、投资

---

① 陈征，劳动和劳动价值论的运用与发展 [M]. 北京：高等教育出版社,2005.

回报率、风险分配和违约处置等。在资金运用的过程中，政府作为投资管理主体，对资金的运用实行严格的监督和管理；在工程运行阶段，建立工程咨询委员会和专业的第三方仲裁机构，对合同条款进行审查和修改；在绩效评价阶段，按照生态服务的评价标准，对生态产品 PPP 项目的实施方案进行修订和完善。

（四）市场化交易体系

发达国家在完善的产权制度和成熟的市场机制的基础上不仅对生态产品供应商进行财政补贴，还采取政府购买、私人直接补偿、限额交易等措施，以生态系统服务付费等方式促进生态产品市场价值的实现。在发达国家，生态产品的价格市场化交易系统可以分为两大类。

一是择定购买客体和购买价格。在政府采购模式下，农民、土地所有者等根据自愿原则决定是否参加各类特殊保护方案，并采取公开招标、邀请招标、竞争性谈判等形式选择采购对象；通过单一来源、询价等方式，可以通过定价机制获知生态产品的价值，从而为农民或土地所有者提供相应的补偿。例如，在 Catskill 流域生态环境服务支付方案中，交易价格是经过多次协商后确定的。在市场模型下，个人交易对象一般是根据成本收益分析和公司协商来决定一个不低于市场的交易价格。

二是分阶段、有秩序地推进生态产品市场交易。在国家采购方式下，一般采用承包方式，实行分期制，一般为 5～20 年。配额贸易一般采取逐步渐进的办法（如美国排污许可贸易、澳大利亚的碳价格"两步走"、新西兰的分行业），实行分阶段的减排目标、覆盖范围、价格控制等措施，以及与过渡性的协助（如新西兰免费分配森林配额、澳大利亚的能量保障资金）相配合，从而推动政策的持续性。

（五）政府、企业和社会各界多方参与

从世界各地的实际情况来看，在国外，以政府付费和市场化方式来实现生态服务的价值。财政支付是指由国家财政转移支付、实施生态保护工程、环境税费制度等形式实施的一种新型的支付模式，市场支付方式是指向利益主体（或生产者）进行的直接的经济利益补偿。自治贸易的模式经常被称为

"自愿补偿"或者"自愿市场",如法国伟图矿泉水公司为了维护水源而支付的生态赔偿。发达国家的生态系统补偿制度最初是由政府出资进行的,在长期的探索之后,逐渐转向以市场为导向,企业、非政府组织、个人等社会力量共同努力,促进了国家的生态环境改善和生态系统建设。

(六)建立资源环境权益交易机制

在发达国家,更多注重以市场为导向的方法来实现服务增值,其基本方法以科技手段对资源和环境进行所有权转让,再以产权的形式进行交换,从而实现自身的增值。一般包括排污权、碳排放权、能源权,以及其他权利。在世界范围内,碳排放量的交易比例很高,而欧盟和澳大利亚等国家的碳交易量,在2016年就已经超过6340亿吨。水权、水质交易也是一种比较普遍的环保资产买卖方式,澳大利亚、美国等实行了水资源产权的分配与贸易制度,签订了20多个水质贸易协议,其水信贷总额高达3200万美元。

(七)引导社会资本进入

利用融资手段,将资金用于保护和提高生态环境的作用,这是目前世界各国的通行做法。绿色融资方式有三种:一是在有商业或政策性银行的基础上开展绿色信贷,其中包括发行绿色债券、开展绿色信贷等;二是设立一个生态系统,通过将其增值的生态恢复收益转化成信贷或者股权,再通过构建一个交易平台向开发者销售,如美国于1991年建立的湿地减缓系统;三是建立由民间资金主导的私募基金,利用绿色融资的方式,将民间资金引入生态环保行业,并利用杠杆作用实现社会经济的全面发展,通过股票、债券、担保等方式对环境建设进行资本投入。

(八)推行生态标签制度

在国际上,生态标识体系被广泛应用,以促进生态环境保护为目的,既可以节省能源消耗,又可以降低污染物的排放,提高生态系统的服务能力,同时带来了生态效益。"蓝色天使"是联合国于1978年首先在世界范围内引入的标志,其后许多国家也陆续推出本土及区域性的环保标志。美国"能源之星"是当今全球最具影响力的环保品牌。1978年,德国率先实施环境标志,截至2006年他们已对100多类4000多种产品颁发了环境标志。森林管理委员会，现在已经在 85 个国家，对 30 亿公顷的林木和产品进行了鉴定。现在的绿色环保产品涉及林产品、农产品、海洋渔业和生态旅游业等。

（九）明确政府部门主导地位

从国外具体实践来看，即便各国之间存在政治体制差异，但在生态产品价值实现这一问题上，政府部门始终占据主导地位，在明确指导方针、确定国土功能区规划、制定规章制度等方面发挥着主导作用。例如，美国土地休耕保护项目由农业部农场服务局直接负责，通过严格审查休耕地介入条件、因地制宜建立差异化补偿标准、适时调整完善动态化补偿机制达到预期目标，从而有效地提高生态产品供给，实现农户收入多元化。此外，日本森林康养产业的发展、新西兰林业碳汇交易的运行等体现了政府部门在生态产品价值实现过程中的重要作用，对资金支持、实施效果、实施期限、技术应用等各个环节进行监管，从而保障项目顺利运行。由政府部门统筹规划并引导社会组织、公众参与生态产品供给、支付、价值核算等各个环节，可以有效提高经济效率，降低交易成本，避免"搭便车"和"公地悲剧"现象的发生。

（十）完善的政策法律保障

生态产品的公共物品属性要求如果通过市场交易机制实现经济价值，离不开相关政策、法律法规及规划文件的支持。完善的政策法律通过提供清晰的产权界定、厘清生态产品权属和参与者的身份，能够减少生态产品交易中的机会主义行为，增强社会公众参与生态产品交易的信心和决心。在美国土地休耕保护计划未正式实施的 1956—1985 年，除各州出台的有关规定外，仅国家层面出台的相关法规就达 10 余个。此外，政府部门每隔 5 年对《农业调整法案》进行修订，根据发展需要适当调整土地休耕保护计划的参与条件、目标、面积等相关内容。正是其规范化、长期化的法律制度体系，才使耕地生态农产品的价值得以充分实现。

（十一）科学的价值核算方法依据

生态产品价值实现需建立在生态资源资产化的基础上，应明确各类生态产品价值，制定具体的指标体系和计量方法，结合需求探索市场化交易模式。科学合理的价值核算体系对实现生态产品价值具有重要意义。例如，针对土地休耕保护计划，一方面，美国农业部根据当地土壤条件、地形等相关数据提出环境效益指数（environment benefits inder，EBI），将水质质量、土壤侵蚀度、空气质量等多元指标纳入指数核算，同时应用加权平均侵蚀指数、土地相对生产率等指标核算土地生产力；另一方面，结合土地市场交易信息，对不同类型资源分别设置相应权重，兼顾私人利益和不同地域经济发展水平的差异，并将条件价值法作为核算方法之一列入《美国联邦法规》第21章第221部分。为了节约成本、促进森林碳汇产品价值实现，新西兰以立法手段明确了碳交易的地位，2020年制定了《应对气候变化法》，提出建立碳排放交易市场。

（十二）完善的市场交易机制建设

在生态产品价值实现过程中，必须明确包括交易载体、交易双方、交易价格、交易平台及交易风险等在内的运行机制。完善的市场交易组织架构可以促进从生态资产化向生态资本化的转变。例如，新西兰林业碳汇交易计划通过制定详细的碳交易机制促进市场交易：一是在全国范围内明确统一的碳计量单位，进而确定碳交易价格；二是建立登记注册管理系统作为交易平台，由经济发展部、农林部共同负责对林业碳汇参与者进行系统内的申报、注册等审批工作，并在系统平台实时显示交易内容；三是制定完善的监督管理体系，以防范交易风险，对交易过程进行跟踪、记录，并可随时进行实地考察；四是明确要求参与方或减排企业如实上报森林增汇情况、减排情况，明晰权利与义务，全面把控市场供求。又如，日本森林康养产业发展通过设置自然疗愈类、运动保健类、心理疏导类等多样化康养项目吸引不同人群，使森林康养、休闲游憩的功能通过市场竞争机制实现货币化。

（十三）"以人为本"的发展理念

在生态产品价值实现过程中，不仅要考虑政府部门和社会部门的利益，还要重视当地居民的切身利益，政府部门要尽可能站在社会公众发展的角度制定政策制度。在项目开发过程中，应充分吸纳当地居民的意见，激励其共同参与经营管理。例如，美国土地休耕保护计划中休耕土地的种植作物类型、补贴金额等由农户自主确定，在充分尊重农户自身意愿的基础上进行规划与审批；新西兰的林业碳汇交易同样尊重农户自身发展权，对于无毁坏现象的"1990 年前森林"，若认为申请新西兰配额后所获得的收益无法弥补其保护森林付出的投入成本，可选择不加入碳市场，"1990 年后森林"也可由农户考虑未来木材收益与碳汇交易收益决定是否加入碳汇市场。日本森林康养产业的宗旨是针对国民身心健康问题，满足其休闲游憩需求，在后期的产业发展过程中，充分激励当地居民参与经营，从而提高山区居民收入，改变乡村人口凋零、产业凋敝的局面。

第四章 生态产品价值实现的案例分析
——以三江源为例

第一节 三江源生态产品价值

一、三江源生态环境分析

素有"中华水塔""亚洲水塔"之称的青海三江源（简称三江源），是长江、黄河、澜沧江的发源地。三江源是青藏高原的主体地区，地处青藏高原内陆。地形以高山平原和峡谷为主，其最大特点是山地绵延，地势高耸，地貌千姿百态。三江源平均海拔3500~4800米。三江源地区的主要山脉由东昆仑山脉、支脉阿尼玛卿山、唐古拉山脉、巴颜喀拉山脉、可可西里山等构成。区内中部、西部、北部为地势较为平坦的高山平原，多为宽阔平坦的滩涂地。东南地区属高山峡谷地形布局，受河流影响，地形蜿蜒陡峭，坡度通常高于30°，冻结周期长，在冻土和排水补偿作用下形成大片沼泽地和湿地。

三江源地区是典型的高原大陆性气候，属青藏高原气候系统。气候特点是干湿分明，冷热交替，同期水热，年温差小，日温差大，日照时间长，光辐射强，植物生长周期短，全年无霜期。年平均气温在 -5.6℃至 3.8℃，极端条件下最低可达 -48℃，最高温度可达 28℃；年降雨量 262.2~772.8 mm，夏、秋季三江源地区降雨量约占全年总降雨量的 75%；年蒸发量 730~1700 mm，年蒸发量比常年降雨量大得多；日照比在 50% ~ 65%，年日照时间在 2300 ~ 2900 h；年辐射量在 5500~6800 MJ/m^2；常年大于或等于 8 级大风天数在 37~110 天；空气中含氧量仅为海平面上的 60%~70%。[①] 在三江源地区，由于受青藏冷高压的控制，寒冷季节长达 7 个月之久，因此，在寒冷季节，青藏冷高压的作

---

① 数据来源：中国气象局官网。

用显著。降雨量少、风沙强、日照低是这一时期的气候特征。温暖季节由于受到西南季风产生热气压的影响，出现温暖季节水汽凝结、降水较多、夜雨频繁的气候特征。由于三江源地区气候条件恶劣，时常会发生暴风雪、干旱、暴雨、洪水、冰雹、低温冻害、沙尘暴等气象灾害。根据天气的变化，可能发生森林和草原大火、泥石流、滑坡和土壤侵蚀等灾难。

由于三江源环境的脆弱性和自然资源的有限性，在一定程度上促进了生态产品的开发，而实现生态产品的价值是践行可持续发展理论的有效探索和积极尝试，一方面可以协调实现产品的环境价值，在时间和空间内开发经济、社会、生态、资源和环境保护等各种要素，协调、可持续地发展三江源社会经济系统和自然资源环境系统，实现环境产品价值的综合利用；另一方面，环境产品价值的实现需要环境、资源、经济和社会要素的全面协调，使生态系统能够在多维度层面上得到有效开发和利用，使自然资源能够在保持活力的范围内得到有效开发，这些都是需要遵守的基本规则。

二、三江源生态产品价值状况分析

青海省三江源环境建设是我国"绿水青山"建设目标的重中之重。三江源是一个维护全国乃至亚洲水域的生命摇篮，是具有世界意义的生物多样性关键区域，在维护我国乃至亚洲生态平衡和环境安全，以及北半球乃至全球气候变化预警中，具有极其重要的战略地位，是保护国家生态安全、提供生态产品、发挥全球气候变化趋势预防作用不可或缺的重要保障。三江源环境价值是由创造环境价值所必需的社会工作决定的。社会构成环境价值所必需的工作分为以下三部分：第一部分是人们在生态环境的恢复过程中所投入工作的总和，第二部分是人们在生态环境的恢复过程中所花费的工作时间，第三部分是人们在环境的扩展方面所投入的资金和劳动的总和。生态环境可以提供各种生态服务，生态服务是人类生产和生活所特有的基本要素，也是生态资产有效配置和管理的重要组成部分。但三江源生态环境的特殊性和异质性决定了环境保护与环境复原的成本和所需要的时间成本均较高。据此，三江源积极开展生态环境保护工作，并在此基础上将生态环境保护工作放在工作的重心，提供高质量的生态产品，但是由于长期被无偿享用，三江源生态产品价值没有在经济效益和社会效益两个层面得到充分展示。此外，由于环保工作的需要，当地居民的生产生活质量受到了影响，当地居民环保产品的供应积极性也没有被激发出来。上述因素制约了三江源产业的发展，导致当前三江源环保压力大，环保产品供应压力大。对三江源践行"绿水青山就是金山银山"的成功之道，实现三江源可持续发展具有重要的现实意义和参考价值，研究三江源生态产品的价值实现途径和机制，对探索生态环境脆弱地区实现人地和谐发展具有积极意义。

三、三江源生态系统存在的问题

随着我国经济发展水平的不断提高，人类对三江源自然生态系统的超负荷利用带来的生态环境问题日益增多。而三江源地处青藏高原腹地，水资源丰富，是我国长江、澜沧江与黄河水资源最为重要的补给区。而三江源沿江流域人口的增多以及城市化发展，使得生态产品日益稀缺，对沿江流域的生命安全造成了威胁。三江源水生态产品供给不足的原因主要表现在以下两方面：

第一，水生态产品的公共物品特征导致价值难以体现。水生态产品一般自然赋存于江河地表，容易被人们采集，且较强的流动特征导致三江源上游的使用者难以顾及下游使用者的使用，这就决定了具有公共物品特征的三江源水生态产品在消费时难以表现出排他性和竞争性。

第二，政府直接供给三江源水生态产品效率低，因为我国政府的主要职能之一是为广大社会民众提供基本的公共产品。政府作为青海三江源水生态产品的直接供给者存在供给效率低下的问题：①财政压力导致三江源当地政府直接供给水生态产品的能力低。三江源水生态产品供给需要大量资金投入，随着三江流域水生态产品需求规模的不断扩大，如果三江源水生态产品供给仅依靠当地政府直接投资来维持运转，在政府有限财政资源的约束下，难以支撑这些需要政府独立出资的水生态产品生产投资项目的不断增加与水生态产品生产投资规模的不断扩大。②垄断供给方式导致三江源当地政府直接供给水生态产品的效率低。一方面，当地政府直接供给水生态产品缺乏激励机制。由于没有竞争对手，又没有提高供给效率的激励机制，使得当地政府部门没有动力加强内部管理以控制成本和推行技术创新。另一方面，当地政府难以直接对水生态产品的供给进行有效监督。政府在三江源水生态产品供给决策时，可能违背公众的意愿而趋向于自利，或专注于扩大预算规模，或搞"政绩工程"和"形象工程"等，造成大量的资源浪费。③不同区域政府间的"搭便车"行为导致三江源当地政府直接供给水生态产品意愿低。由于经济发展所引起的对供水相关生态系统的损害，亟须人工参与供水相关生态系统的保护和修复，也会产生巨大的成本支出。在当前财政分权模式下，相邻区域政府往往会通过"搭便车"的方式获得外溢收益，导致水生态产品供给相关的成本无法得到合理的分摊，严重影响三江源当地政府直接供给水生态产品的积极性。

四、三江源生态产品的价值实现路径

绿水青山是实现生态产品价值的前提和根本。生态产品的供给如果没有良好的生态环境是无法保证的，更谈不上实现价值。因此，实现生态产品价值的出发点应坚持保护优先，像爱护眼睛、对待生命一样爱护生态环境，提升生态环境保护的基础地位，通过保护和修复生态环境，统筹推进山水林田湖草沙一体化治理，不断提高生态产品供给，奠定生态产品价值实现的物质基础，这是保护和修复生态环境的基础。在开展生态环境保护和修复的基础上，确保生态环境保护与生态产品价值提升同步推进。

生态价值以开发利用生态产品为基础，以满足当地生态环境承载能力为需要，在不影响和破坏当地生态环境的前提下，适度开发利用三江源生态产品，以实现经济价值和社会价值为根本。同时，坚持绿色循环低碳、降低资源能耗、提高资源能效、减少污染物排放，实现经济发展和生态环境保护相统一，是开发利用方式转变的必然要求。因此，需要对三江源的生态价值、经济价值和生态产品的社会价值进行统筹和平衡。

生态产品主要包括无污染的水、空气及舒适的气候环境等，对维护国家生态安全具有重要作用，它在确保生态系统功能的正常调节和维持良好的生活环境方面发挥着重要作用。生态补偿是通过财政转移支付对保护和修复生态环境的人给予合理的经济补偿，以促进生态环境保护和生态系统恢复，实现人与自然协调发展的政策措施。中国生态脆弱地区的生态系统，通常具有抵御外来干扰能力较弱的特点，对气候变化的敏感性较强，生物多样性也较少。同时，我国生态脆弱的地区绝大部分是比较贫穷的地区，人民生活水平低。生态环境保护和牧民生存发展也将在生态脆弱地区实现生态产品价值的过程中面临严峻挑战，因为外部性强的生态产品在市场上自发供给严重不足。因此，生态脆弱地区的生态产品价值如何实现可持续发展，关键在于通过生态产品价值的实现，激发生态脆弱地区的人们积极参与生态环境保护，让人们生活得更加美好。生态环境极为脆弱的三江源，自 2005 年以来，国家大力支持源头地区的生态环境保护和生态恢复，并采取各种生态补偿方式，促进牧民积极参与三江源生态环境保护，提供各种生态产品。同时，生态补偿政策使三江源地区广大牧民群众直接受益，逐步成为生态脆弱地区人与自然协调发展的牧民群众主要经济收入。因此，本章围绕生态产品价值实现的设计机制和可持续保障措施，以三江源生态产品的价值实现为典型案例进行分析。这一研究有助于形成可复制、可推广的生态产品价值实现路径，在我国生态脆弱地区解决生态产品价值的关键问题。

第二节 三江源生态产品供求意愿分析

相对于其他地区，具有重要生态功能的三江源生态产品丰富多样。把生态产品的外部性内部化，才能有效实现三江源生态产品的价值。通过分析三江源生态产品的供需意愿，了解三江源居民对生态产品供应的态度，掌握其他区域各类生态产品的支付意愿，为三江源生态产品的价值变现提供更好的途径，有助于掌握生态产品供需现状，找出影响生态产品变现的因素。

为了对三江源生态产品的价值实现进行更科学、更有效、更合理的研究，本书设计两组问卷：一方面对三江源地区居民（城镇居民和农牧民）提供生态产品的意愿进行了问卷调查，选择青海省果洛藏族自治州（简称果洛州）玛沁县作为调查区域，了解当地居民保护生态和提供生态产品的意愿；另一方面，采用在线问卷调查的方式对全国进行调查。本节调查了三江源畜牧业和居民供应生态产品的意愿，试图阐明三江源生态产品价值的实现现状，以及影响产品供应商供应意愿的因素，为三江源生态产品的价值实现提供调查数据支撑。

一、调查地区选取原因

作为政治、经济、文化中心的玛沁县，居民对生态产品保护和供给意愿调查的整体态度具有代表性。选取玛沁县作为调查地区的原因主要包括以下几点。

1. 基础条件优势

玛沁县地处青海省东南部，果洛州东北部。玛沁在藏语中意为"黄河源头最高大山"，以境内阿尼玛卿山而取名。全县国土总面积1.34万平方千米，平均海拔4100米。辖35个行政村，97个牧业合作社，辖6乡2镇8个社区。玛沁县大武镇是自治州州府所在地，也是全州政治、经济、文化中心。

2. 政策优势

随着国家资源配置及资源下乡等层面的政策优惠，玛沁县先后被列入第三批国家新型城镇化综合试点地区、2016年全国电子商务进农村综合示范县，青海省委、省政府专门出台了经济社会发展的意见、发展政策以及促进经济增长的实施意见，这些一系列政策措施助力区域全面发展，玛沁县先后被列入国家新型城镇化建设新试点。近年来，随着国家资源的下沉，该县得到了国家政策的支持，乡村振兴战略使该县得以快速发展。

3. 区位优势

玛沁县地处青藏高原腹地，是青海省"一轴一带四区"核心镇、果洛州"一核七点"核心镇——青海青南地区三江源生态产品价值实现研究117个区中商贸较密集的区域，是国家级三江源自然保护区的核心区域。随着青川高速公路建成投运及果洛玛沁机场的通航，省城西宁与周边地区的空间距离被拉近。玛沁进一步突出了区位优势，成为通往新疆、四川、西藏地区的重要交通枢纽。

4. 生态地位优势

青海省被列入国家首批生态文明先行示范区，民族生态文化建设和保护已经得到了国家层面的高度认可和重视。玛沁是国家级三江源自然保护区的重要组成部分。玛沁县在生态环境保护等层面的改善，是促进整个三江源地区生态环境质量建设的基础和首要条件，同时三江源生态保护建设工程的持续推进和发展，为确保县域可持续发展，让百姓通过生态环保获得更多实惠，必将推动区域经济社会转型升级、城镇化进程加快。

5. 自然资源优势

玛沁县境内矿藏资源丰富，已探明的矿产资源主要有铜、钴、锌、金、银、硒、镓、铟、煤、硫、锡、镍等十余种。县属林草资源种类繁多。全县主要有三个天然林分布区，分别为切木曲流域的切木曲林区、以洋玉为中心沿黄河南岸分布的洋玉林区、以德柯河流域为中心的德柯河林区。森林主要建群树种为青海云杉、祁连圆柏、白桦、山杨等。乔木树种以青海云杉和祁连圆柏为优势树种，另外，还有白桦、青杨。草地资源共有高寒草甸类、高寒草原类、山地草甸类、温性草原类四类，其中以高寒草甸类为主，温性草原类占比最小。野生动植物资源得天独厚，冬虫夏草、贝母、秦艽、黄芪等十几种中藏药材遍布全县，是冬虫夏草富产区，境内有雪豹、棕熊、白唇鹿、岩羊、猞猁、雪鸡等野生动物。

6. 清洁能源优势

全年地表水流量为 26.379 亿立方米左右。总投资 5.3 亿元、年发电量 2.5 亿千瓦时的格曲河水电站已全面建成。投资 231.55 亿元、总装机容量 2200 兆瓦的黄河玛尔挡水电站正在建设中，多年平均发电量 73.04 亿千瓦时。三江源年日照时数 2300～2900 小时，年太阳辐射量 5658～6469 焦耳/立方米。光能资源丰富，清洁能源行业大有可为。

7. 生态农畜产品优势

发展绿色无公害农牧业，生产绿色食品和有机食品。玛沁县通过建设全省草原生态畜牧业实验区，一批中小型特色加工企业初具规模，牦牛、藏羊养殖业得到大力发展。"玛洛""格桑花""雪域珍宝""金色草原""白藏羊"等品牌影响力持续扩大，示范带动效应持续显现。

8. 生态文化产品优势

玛沁县文化源远流长、久负盛名，旅游资源也极其多样，如格萨尔文化、民族宗教文化、古建筑文化、山川文化等，全县共有 3A 级景区 2 处。县内有著名的阿尼玛卿雪山国家地质公园，阿尼玛卿雪山和西藏的冈仁波齐、云南的梅里雪山、玉树的尕朵觉吾并称为藏区"四大神山"，主峰玛卿岗日海拔 6282 米，公园内的哈龙冰川垂直高差达 1800 米，是黄河流域最长、最大的冰川。

二、问卷基本情况

该问卷主要对玛沁县的基本情况展开说明，了解牧民和居民对生态产品的供应意愿。下面主要从调查目的、问卷设计、研究假设及变量定义四方面进行介绍。

（一）调查目的

当地居民的生态保护意识、生态产品供应意愿直接影响着当地生态保护的成效及人地关系的发展。掌握当地居民对生态保护的态度及对生态产品定价的认知，对当地的生态补偿标准的设立具有一定的参考意义。通过不同层面的认知和了解，能够有效厘清当地居民的生态需求和发展意愿。这对整个三江源地区的经济发展政策的制定具有重要的参考价值，同时生态文化建设也能够在此基础上得以有效提升，从而开辟一条生态物质、法规、文化产品在三江源地区实现价值的新路径。

（二）问卷设计

该研究通过调查问卷，对农牧民生产方式转变、生活质量提高和补偿需求等方面的生态保护意愿和生态产品供给意愿进行了分析，并对城镇居民进行了分析。借鉴有关居民意愿调查表设计的经验，三江源玛沁县的调查内容包括牧民基本情况、生态补偿现状、生态产品供给和生态保护知识、居民生产方式和生活改善识别等方面。

（三）研究假设

根据三江源地区玛沁县的实地调查结果，基于对当地居民生态产品供给意愿影响因素的理性假设，以三江源地区的牧户和居民为调查对象，提出以下研究假设：

H1：当地居民的文化程度越高就越愿意提供生态产品。

H2：当地居民中村干部有强烈的意愿供应生态产品。

H3：对于溢价销售的生态物质产品，当地居民支持越多，供应生态产品的意愿就越强烈。

H4：越是受到生态补偿标准影响的当地居民，越是有强烈的意愿供应生态产品。

H5：越是受到个人环保意识影响的当地居民，越是有强烈的意愿供应生态产品。

H6：生态补偿与当地居民的满意度呈正相关，那么生态产品就有供应的意愿。

H7：农牧合作社对当地居民的熟悉程度越高，生态产品的供应意愿就越强烈。

H8：当地居民越认同生态旅游业会对生态环境造成一定的破坏，生态产品供给意愿就越高。

H9：今后当地居民对三江源生态保护的关注程度会更高，生态产品的供应意愿也会越来越强烈。

（四）变量定义

本小节在研究假设的基础上，从教育程度、是否是村干部、生态产品溢价、生态补偿影响生态保护意愿、个人环保意识影响生态保护意愿、生态补偿满意度、农牧业合作社知晓度、生态旅游业看法、未来三江源生态保护的关注点等方面定义变量。

1. 数据收集

此次调查旨在了解作为代表的玛沁县农牧民群众是否愿意参与生态环境的保护和恢复、生态产品的持续供给、生态产品的供给意愿会受到哪些因素的影响等方面的情况。该研究对生态产品的供应意愿进行实证分析，以实地问卷调查的方式得出数据。

（1）以玛沁县城镇居民为调查对象。考察地点为果洛州政府所在地玛沁县大武镇。因为当地的现实基础和现实情况的局限性，该调查并不能使用普通话来进行，所以根据当地的情况该调查由翻译协助调查完成。城镇居民调查：随机问卷访问了大武镇中心、机关、事业等单位。

（2）此次牧民调查覆盖玛沁县5个乡镇（大武乡、当洛乡、拉家镇牧区、下大武乡、优云乡），每个乡镇随机抽取2~3个村开展随机问卷调查，研究人员在专业翻译的陪同下完成这项调查，避免受访牧区牧民受教育程度和语言差异的影响。此次调查采取与牧民访谈、与翻译座谈等形式进行。调查开始时，研究人员在询问牧民是否愿意为生态产品的供应做出持续的贡献和努力之前，委托一名翻译将调查的目的和意义解释给牧民。后续调查得出的数据，农牧民如果回答"没有"，就不算有效数据；若农牧民答复"有"，研究人员将根据设计好的调查问卷继续完成调查访问，获取调查数据。调查组在客观、有利的条件下完成玛沁县牧户有效问卷206份，城镇居民有效问卷381份，共计587份。因为在调查过程中有翻译人员协助确认，问卷调查不存在信息不完整和明显错误的情况。

2. 问卷信度和效度检验

《三江源生态产品供应意愿调查问卷》采用SPSS 24.0软件进行了信度和效度测试。可信度指数为克隆巴赫阿尔法指数，效度指数为KMO取样适合度指数。两项评估标准均接近1，具有较高的可信度和效度。问卷调查结果为信誉度，在可接受范围内的三江源生态产品供应意愿调查结果为0.767。"KMO抽样适宜度测定法"结果为42，大于0.5，巴特利特（Bartlitt）球形度测试显著低于0.05。

第三节　三江源生态产品价值实现路径

一、物质产品价值实现路径

三江源生态产品种类丰富，有产品实体，与消费者互动性强，消费者更容易接受和购买，其价值实现方式具有多样化和差异化的特点，主要依靠直接贸易、生态工业化、产业生态化等市场化手段，政府和市场共同作用。三江源地区所具有的地理区位及资源等条件的优势，使国家可以通过战略性的规划，将三江源地区纳入市场逻辑，依托市场手段在政府政策和资源配置等条件下促进三江源地区生态产业的发展。

（一）三江源生态物质产品直接交易路径

在三江源生态物质产品产权明晰的情况下，三江源地区良好的生态环境，使普通物质产品和其他商品一样具有较高的生态溢价，可以由生态物质产品的生产者或产权人根据商品的稀缺性和功能，本着互惠互利、平等协商的原则，直接与消费者或受益人进行交易。根据对三江源生态产品支付意愿的调查分析结果，三江源市生态农牧产品需求意愿在中部地区与西部和东部地区相比存在空间差异。为了避免生态农牧产品同质化，实施了扩大产品的影响力和销售范围、提高农牧产品的生态附加值等措施，并通过生态产品认证和标准制定等直接贸易途径实现，具体包括以下几方面。

1. 生态产品认证和标准制定

政府应在三江源建立统一的生态产品标准、认证和标识体系，实施统一的生态商品评估标准和认证目录清单，完善生态产品认证的有效性评估和监督机制，加强技术机构能力建设和信息平台建设。三江源生态产品可借助标签，经权威绿色产品认证（含产地认证、绿色生态产品认证、营养成分检测认证）为符合生态、绿色、有机、健康标准的生态产品，还可公开发布产品的真实信息。例如，中绿华夏有机食品认证中心（China Organic Food Certification Center, COFCC）分别认证了三江源青海省黄南藏族自治州河南县邮政牛羊肉产品、商贸、基地。拥有牲畜最多的河南县，是全国最大的有机畜牧业生产基地。这里的畜产品获得了国家和省级有机认证，产品质量被认为是全国领先的，相比于同类的畜产品，其品质高于市场平均水平。产品标准一般以国家标准或行业标准为依据，但种类繁多、内容丰富的生态产品比比皆是。生态产品的相关国家标准尚未制定，因此企业标准的制定就很有必要。为了更好地提升三江源地区畜牧产品的市场竞争力，企业在发展的过程中一定要制定高于国家标准的发展战略，对畜牧业产品的品质进行把控，使三江源地区的生态产品能够在市场竞争中处于领先地位，具有较高的市场溢价，从而更好地实现三江源生态产品的价值，提高产品的生态价值属性。

2. 建立品牌

生态品牌大致可分为特定产品品牌和区域性公共品牌两大类。

产品品牌主要是指无形资产，这些无形资产具有经济价值。它们从历史文化、尖端科技、情感表达、商业创意等方面，运用独特、抽象、易于辨识的心理概念来体现自己的属性，并在人们的意识中占有一定的地位，长期构建。三江源生态产品的建设一定要注重品牌效应的发挥，根据不同地区的实际情况而设立不同的品牌发展战略。同时要形成统一的品牌标准，充分发掘品牌的内在价值，加大品牌的宣传力度，将三江源地区的生态产品推进国际市场，最大限度地发挥三江源生态产品的价值属性。例如，三江源5369牦牛肉品牌就是生态农畜产品的典型品牌。区域品牌建设是一项综合性工程，它涉及多个层面的协同发展，需要在公共、科学等基础层面有所建树，同时要协调经济性和生态型等层面的共进发展，形成具有鲜明地域特色的品牌，借助特殊的自然资源、生态系统要素和产业发展条件，建立区域性公共品牌，扩大影响力和销售范围。又如，以三江源为区域公共品牌，打造绿色有机农畜产品出口基地，能推动各种生态农畜产品在当地的推广。在政府层面，要加大对三江源生态产品品牌建设的支持力度，主要从以下两方面着手：一是市场监管部门要充分发挥职责功能，加大对三江源地区绿色产品的规划和建设保护，对具有资质的企业和工厂给予相应的政策支持和政策优惠，使三江源生态产品能够在市场上拥有较强的竞争力；二是政府机构要建立相应的宣传平台，对三江源生态产品进行广泛的品牌宣传，扩大产品的影响力。

3. 确定产品价格和目标客户

针对三江源生态农畜产品的市场溢价情况，通过调查消费者的消费意愿，以权威的绿色产品认证机构为依据，确定市场化的直接交易价格，是一项十分必要的工作。此次调研通过抽样调查问卷的形式，了解全国各地居民对三江源生态农畜产品的购买意愿。尽管有 35% ~ 41.5% 的受访者倾向于购买三江源生态农牧产品而不支付溢价，但依然有 50% 的受访者愿意为此类产品支付 2 ~ 10 倍的溢价，并表示影响购买产品的主要因素有：它们产于空气、水和植被清洁的地区；具有国家权威的绿色生态产品认证和统一认证；各种营养指标明显高于一般农牧产品，对人体有益。因此，三江源生态产品价值的体现，要充分蕴含在产品品牌的建设、产品质量的认证及标准的建设等层面，一定要使标准的建设跟随国际的步伐，充分提高产品质量水平，并确定合适的价格标准以获得市场竞争力。目前，中国中高等收入群体大多集中在东南部各省份。抽样问卷调查结果显示，由于远离三江源，对三江源的生态状况、质量、产品标准等了解不充分，东南部省份居民购买意愿不强。因此，关注有益健康、绿色有机产品，注重生活品质，受过高等教育的中高等收入群体，将成为三江源生态产品的目标客户。

4. 建立市场交易平台

以宣传权威行业、企业、产品等信息，协调产品价格为主要目的，建设三江源农畜产品市场交易平台。市场需要根据各类生态农畜产品认证情况和市场抽样调查结果，通过互联网、地方市场、跨境贸易市场等平台和方式确定各类生态农畜产品的价格，充分发挥一级市场作用，完成市场交易高附加值产品。一方面，这些产品能够给企业带来高于市场价格的收益；另一方面，为消费者提供了更加优质的生态产品，使居民能够对生态产品的接受度有所提高，同时也能够在一定程度上改变消费者对生态产品的认识和消费观念。

5. 发挥政府主导作用

三江源生态物质产品的价值实现离不开政府的主导，政府是生态产品价值实现制度的供给者、监督者和参与者。

（1）政府需要对生态产品价值的实现和增值具有一定的责任意识，政府可以通过制定相应的政策、规范和行为目标来促进生态产品价值的赋能和实现，通过法律手段来确定生态产品价值的范围和理念，以确保生态价值产品在市场交易过程中能够受到充分的保护。

（2）为三江源生态物质产品直接交易提供良好的制度和环境，充分发挥政府在市场资源配置过程中的调节作用，使生态产品在市场中得到有效保护。

（3）政府要对生态产品的供应和消费给予高度关注，为包括标准制定、产品认证、品牌塑造、宣传推广等在内的三江源生态产品的市场化直接交易提供顶层设计。

（4）政府要通过充分利用政策手段或行政手段来促进三江源地区生态产品流程的有效性和公平性，明确相关交易规则，构建合理的运行机制。

（二）三江源生态物质产品生态产业化路径

生态产业化是指在市场逻辑和工业化生产逻辑的驱动下促进生态要素向市场等层面的转化，使自然资源和物质资源以经济利益的方式出现在市场和消费者面前，实现生态要素、物质资源转变为生产要素。这一转换具有明确的市场意识和社会化生产要素，一方面要充分注重自然资源本身的保护；另一方面要遵循市场的定价规范或市场交易规则，使工业化生产的同时具有社会效益和经济效益两方面的效能。培育"生态＋畜牧业"新业态是实现三江源生态物质产品价值的重要突破口。"生态＋畜牧业"能够有效实现生态畜牧业产品的价值，增加产品的价值链长度，实现生产社会化，提高产品附加值和市场溢价；还可以通过吸引养殖户、企业入驻，打造绿色有机农畜产品出口地，为市场培育产业化经营实体。为提高生态产品生态价值转化效率，三江源在生态产品产业化发展中采用了创新发展模式和生态产业品牌战略。

1. 发展生态畜牧业合作社经济

三江源在充分尊重牧民意愿的基础上，坚持草原承包经营基本管理制度，使生态畜牧业在经济层面也能够有所延伸，同时要促进三江源生态保护建设就要充分遵循当地的开发要求、三江源地区经济建设的要求，缓和生产社会化与生态保护之间的矛盾，有效协调生态系统在不同层面的实现。三江源通过发展畜牧业，促进当地经济的发展，使生产要素在不同的层面得到优化，同时充分注意生产方式的转变，促进生产方式由粗放型向集约型生产转变，充分提高资源生产的有效性和利用率。在生态畜牧业合作社的帮助下，三江源牧民的收入渠道不断拓宽。富裕起来的牧民通过生产方式的转变，积极向运输、建筑、饮食、手工业加工等第二、第三产业发展。在接受调查的206户三江源牧民中，表示不愿意参与转产的仅有10户。同时，三江源牧民利用互联网技术向全国消费者提供优质的有机农牧产品，拉近了与省外消费者的空间距离，拓宽了农牧产品的销售半径。在不增加农畜产品繁殖量的情况下，在市场经济的有效指导下，农畜产品在繁殖和生产等层面得到有效平衡。但要充分注意市场化的作用，缩短农畜产品的生产周期，提高市场转化效率，实现三江源生态农畜产品价值的同时平衡四季，打破当前牦牛屠宰面临的"夏壮秋肥冬瘦春死"的局面。

2. 打造三江源生态智慧牧场模式

因为三江源地区在地理区域等方面的局限性，所以传统的放牧生产方式比较落后，生产效率低下，地方畜牧业所带来的经济效益并不高，在此情况下，地区的经济发展程度比较低。由于生态环境脆弱、敏感，畜牧业发展基础薄弱，因此发展和突破畜牧业生产技术与管理工作迫在眉睫。三江源地区紧跟时代潮流和步伐，通过建设生态智慧农场，充分利用现代科学技术和互联网技术，使三江源生态牧场的建设能够有效地体现市场和素质的双重推动作用，使绿色生产模式在畜牧业地区有所发展，推动国民经济各领域的优质发展，将信息技术与传统产业进行"嫁接"。赋予5G实体经济动力，现代科学技术能够帮助三江源地区获得充分的经济发展，科学技术的发展使三江源地区能够充分利用大数据、互联网、云计算等技术优势，构建较完善的生产发展系统和生态建设模型，使牧区的经济贸易和市场发展能够有所提升，使牧区的产品在采集、加工和市场赋能等层面有所改善。充分利用现代化的生产模式，将畜牧业生产和畜牧业管理放置到现代化的生态系统模式，使畜牧业产品的生产、销售和研发紧密结合，形成完整的产业链，以提高生产效率和市场经济效益，加快畜牧业现代化进程，提高畜牧业生产水平、畜牧业产品质量控制水平和管理决策水平。实证分析显示，三江源生态智慧牧场是影响三江源生态产品需求意愿的重要因素。整合三江源优质、纯净的自然元素，是构建三江源生态智慧牧场模式的关键。借助现代通信、销售、冷链、物流等科技手段，在提升生态产品和区域公共品牌知名度的同时，通过市场直接交易实现生态产品价值，提升三江源区域影响力，扩大销售范围。

（三）三江源生态产品产业生态化路径

产业生态化是指培育和发展资源利用率高、能耗低、排放低、生态效益好的新兴产业，用节能、低碳、环保技术改造传统产业，满足了"绿色、循环、低碳"的发展要求，利用先进的绿色生产技术，促进产业的绿色发展。生态学的本质是使产品的生产能够有效地减少对外部环境的影响，协调生态环境和生产之间的边际效益，这是生态学的本质所在。减少对自然生态环境的污染和破坏，通过生产方式的转变，使生态产品在一定程度上能获得市场价值和市场溢价，同时也能够充分提升社会经济效益和生态效益，所以说产品的产业生态化不仅局限于生态环境的保护，同时也要充分提升产品的市场价值。

1. 三江源淡水资源确权、分配、开发和交易

三江源地区每年向下游提供淡水资源量 512 亿立方米，而中国水权交易仅有 31.66 亿立方米的成交记录。青海淡水资源跨流域市场化交易，未实现任何水资源交易记录。以黄河谷地为例，青海省平均每年流向黄河的径流量为 232 亿立方米，在整个径流量中所占比重为 49%。青海省参照"八七分水"方案，在下游省份享受供水的同时，不支付相应费用，只获得 14.1 亿立方米的水权。[①]同时，青海省在下游各省未能获得相应补偿的情况下，为维护和保护下游用水安全付出了巨大代价。因此，为推动三江流域各省跨流域生态产品的价值补偿，通过跨流域政府间水权购买或补偿交易等方式，为三江源头区生态环境保护和社会经济发展提供补偿，实现生态保护与区域发展良性循环、下游可持续安全使用、优质淡水资源有保障，迫切需要中央、流域、

---

① 数据来源：国家统计局。

地方三方牵头指导、协调配合。黄河中下游需水量较大的省份，对三江源淡水资源的支付意愿明显较强，这是根据三江源生态产品需求意愿抽样调查结果分析得出的。此外，影响生态产品需求意愿的重要因素是淡水资源的支付意愿。要实现三江源淡水资源生态路径的价值，需要注意以下几方面：

（1）三江源生态淡水资源的市场化交易，需要政府确立淡水资源产权，以许可、合同配额或其他产权交易形式，建立淡水资源产权市场化交易体系。例如，引入民间资本对特定流域水资源进行项目承包方式的保护和管理，向参与水资源保护的特定组织或个人转让淡水资源的产权和交易权，通过交易许可、承包配额、产权转让等方式进行。生态产品的非市场价值可以通过矿泉水加工、水权转让等形式转化为市场价值，生态淡水产品的价值和增值可以使生态环境得到保护，缓解三江源地区的人地矛盾，保障参与生态保护的组织和个人的利益。

（2）在水权分配问题上，为体现大江大河源头的重要性，更多地向产水区倾斜。配置更多的水权就意味着在确认水权的基础上，更多的生态产品价值能够得到实现。

（3）建立三江流域水权交易所，搭建交易平台，实现水权交易直接市场化。建立水权交易，明确水权确权分配制度，可为生态发展三江源淡水资源产业打下基础。用水较多的地区可以通过水权交易购买三江源的水权，三江源可以更加注重保护三江流域的水生态环境，为下游提供更优质的淡水，淡水产业不断发展成熟。

2. 三江源绿色电力产业发展

三江源绿色动力是工业生态的集中体现。利用清洁能源生产绿色电力，符合"绿色、循环、低碳"的发展要求，符合碳达峰、碳中和的发展目标，是把青海建设成为国家清洁能源产业高地的重要途径。在碳达峰、碳中和目标下，三江源绿色电力产业生态路径需关注以下几方面：

（1）采取优惠购买、量化补贴清洁能源电力的政策，发挥政府政策导向作用。国家电网有限公司在"绿电三江源"上网后，加速清洁能源替代，用生态环保的电能取代了牛粪和燃煤取暖。同时，为保证绿色电力市场的可持续交易，通过电力交易中心向需要绿色电力的省份和地区进行销售，并在价格上给予一定补贴。

（2）电力基础设施绿色提速。为实现"双碳"（碳达峰、碳中和的简称）目标，三江源地区依托智能调度平台，以"绿电"调峰"绿电"对不同清洁能源进行最佳的协调匹配，储能、氢能源配置，在沙化土地上发展新能源产业布局。同时，大规模的光伏园区建设能够改变当地的气候和生态环境，是根据青海沙漠化光伏电站实测数据分析结果进行沙漠化治理的有效方式。三江源生态安全得到保障的同时，扩大光伏电站的建设规模。

（3）渠道建设是保障绿色动力价值实现的关键，同时配合绿色动力基础设施的建设。特高压输电线路配套建设需要三江源发展绿色电力产业。提前规划建设输电通道，确保绿色电力在三江源的传输、交易，实现未来"双碳"目标，最终打造共享发展成果的绿色能源产业。实现三江源生态产品价值的重要途径是通过控股和投资参股的形式发展绿色能源产业。突出新能源产业中抗风险能力强、管理水平高、规模效应好的龙头企业效应，鼓励三江源人民通过政府扶持、大规模筹资、土地入股等方式参与绿色电力产业发展，实现群众利益与优势产业发展的联动，实现三江源生态产品的价值与可持续发展，为推动国家清洁能源示范省建设、打造国家清洁能源产业提供援助。

二、调节产品价值实现路径

在青海省生态系统服务价值与生态资产评估研究中，青海省 2020 年地区生产总值达到 3005.92 亿元。青海省在生态资源保护、水源调节、净化等方面的优势地位和重要作用，对经济总量的快速提升具有重要意义。

（一）三江源生态调节产品市场化路径

实现三江源生态调节产品价值，最直接、最有效的手段就是构建市场协调机制。各类生态调控产品的市场化交易，正是根据三江源生态调控产品价值实现现状及面临的困境逐步推进的。从水权交易、碳汇交易、排污权交易等方面构建三江源生态调控产品的市场协调机制，是三江源生态调控产品价值实现的有效途径。

1. 构建流域水权交易机制

自然资源具有很强的地理属性，如森林、石油、煤炭、金属矿产，这些会给当地带来可观的经济效益。然而，水资源的地理属性在三江源地区长期模糊。青海省水资源丰富，是我国重要的淡水资源供应地。由于对水资源流动性考虑较多，忽视了地理属性，造成目前青海省分配到的水量总量偏少，水权不归属地管理。根本原因在于水的资源属性、价值属性得不到体现。在明确水权归属的同时，必须强调水资源的地理属性。要充分借鉴现有的水权交易制度，进一步建立全流域、多方参与的水权交易体系，使水资源像其他资源一样进入市场交易，构建三江源地区水权交易机制。由于全流域水权交易涉及多个省（自治区、直辖市）的协调和交易，因此，一方面加快水资源市场化；另一方面发挥市场机制在优化水资源配置中的作用，需要国家牵头实施总量控制、区域协调的管理机制。主要从以下三方面开展工作：

（1）建立三江流域水权交易制度，完善初始水权分配机制。坚持国家统筹和总量控制。在现有"八七分水"方案的基础上，结合流域内各省的水资源状况和用水情况，制定新的水权分配机制。将水权分配给各省（自治区、直辖市），部分水方案将由各省、直辖市制定。在国家层面，建议研究修订原"八七分水"方案，在考虑水资源地理属性的基础上，建立符合当前现实和保护发展需要的科学、合理的分水机制。例如，在水权的总体分配过程中，国家应考虑增加三江源的指标权重，三江源是水资源的源头，促进青海未来水权交易的可能性，并通过跨流域水权交易体系实现其价值。

（2）改进水权确权登记工作。对进入水权交易市场的主体进行登记，一方面要确认水资源的主要拥有权；另一方面要对水资源的需求主体进行登记和管理，以获得水权交易证书。国家层面的监管和地方层面的授权，可以通过完善水权登记监管机制，奠定水权交易市场化的基础。

（3）建立国家级水权交易平台。建立全国统一的水权交易平台，在国家层面，根据实际交易需求，制定相应的制度保障，确保水权交易平稳运行。通过研发各行业节水技术，积极参与水权交易。作为重要的产水区，青海省需积极推动建立流域水权交易机制，在加强三江源地区生态保护、保障和完善流域源头产水功能等方面，要率先加入流域水资源保护资金计划。

2. 探索开展碳汇交易合作

2021年，按照生态环境部的工作部署启动了全国碳排放权交易市场建设。我国力争于2030年前二氧化碳排放达到峰值，2060年前实现碳中和。2012年，青海省固碳价值为192.06亿元，固碳量是碳排放量的1.76倍，为其他地区固定了价值为85.23亿元的碳。青海省需在此基础上，加快推进青藏高原成为国内外生态文明高地、加强温室气体排放控制和管理、加入全国碳交易合作等方面的生态文明建设。属于国家重点生态功能区的有三江源草原草甸湿地生态功能区、水利生态功能区。青海省是亚洲、北半球乃至全球气候变化的敏感区和启动区，也是中国乃至世界生态安全屏障极为重要的组成部分，具有不可替代的生态战略地位，具有发展固碳量贸易的内在潜力和资源条件，是固碳量发展的理想条件。发展固碳量贸易对青海省经济社会发展意义重大。

（1）通过建立碳交易所、碳配额、中国核证自愿减排量等政策引导，充分保证青海省的项目在市场交易中获得有效的经济增长，同时也能够获得相应的政策性补贴，在此基础上，通过增加和完善碳市场的生产发展机制、生态保护机制及生态补偿机制，最终形成生态经济的正向循环和产业发展动态，将能源和资金投入生态环境保护、恢复和改善生态环境质量。

（2）碳汇价值的实现需借助"双碳"目标的契机。当地政府需在"双碳"目标的推动下，将这一目标分解至各个省份，使其承担相应的责任，完成相应的碳排放目标。青海省将在努力实现"双碳"目标的基础上，增强固碳潜力，通过碳排放交易实现碳汇增值。

（3）在青海投资碳汇项目时，一定程度上需要考虑碳汇项目的计算周期延长等客观条件，如恶劣的气候条件、脆弱敏感的自然环境、人工造林的难度、植物生长缓慢等。

（4）青海省需充分利用清洁能源这一优势，持续推进清洁能源示范工程建设工作。在全国范围内建立相应的排放机制和排放策略，有效推广并打造国际清洁能源的生产基地，使之成为国际生产的范例。同时也要将生态系统的保护、生态补偿及生态建设纳入清洁能源的生产体系，使不同项目之间相互促进，完成相应的国家战略目标，为构建国家清洁能源体系，实现国家"双碳"目标发挥重要作用，以实现青海生态产品的价值。

（5）促进绿色金融创新合作和青海省碳交易合作。将青海省作为绿色金融与碳交易创新合作试点地区，提供绿色保险、碳期货、绿色信贷等金融产品和金融支持，为青海生态系统恢复和生态产品供应提供有力支撑。同时，进一步实现地方生态环境保护与恢复、生态产品价值实现、经济发展与民生改善的良性发展循环，围绕国家"双碳"目标，增加青海金融机构碳核算和碳披露业务。

3. 建立流域排污权交易机制

借鉴我国各流域水污染联合治理的成功经验，建立健全以流域水资源保护基金建设为基础的三江源流域水污染治理和排污权交易机制。协调三江源流域各省开展省际污水交易，从中央层面建立三江源流域污水交易平台；在省级层面，横向统筹三江源流域各省水环境综合治理工作，保障三江源流域水环境质量有所改善，发挥三江源流域水资源保护基金的作用。青海省肩负着"一江清水向东流"的重任，要加强三江源头的生态保护和水环境保护，加强青海省河流两岸的生产管理，严格污水排放要求和管理，确保省外水质达标。三江源地区生态和水环境保护工作在全国排污权市场交易系统基础上扎实推进。三江源生态治理产品通过提高外省水质标准、获取排污权收益及相关生态补偿等方式实现其价值。

（二）三江源生态调节产品横向生态补偿

据了解，经济发达地区愿意付费保护生态安全，因为三江源生态调节产品与人类互动较弱。因此，无论是东部省份还是南部省份，其采购意愿都要比中部省份和西部省份高，需要横向补偿才能实现这些产品的价值。

总体来看，三江流域各省、区、市在构建三江源区域协同保护、共建共享机制的过程中，对青海省三江源地区进行横向生态补偿。根据《关于建立健全长江经济带生态补偿与保护长效机制的指导意见》和《关于加快建立流域上下游横向生态保护补偿机制的指导意见》的具体要求，在明确三江流域横向补偿标准和方式的前提下，以联防共治机制和补偿协议签订等横向生态补偿手段为基础，与流域内各省（自治区、直辖市）协作，最终实现三江源头生态调节产品价值的可持续发展。

1. 建立三江源生态保护横向转移支付体系

三江源地区作为生态调节产品的提供者，在支付当期经济发展机会成本的同时，也在生态保护、生态产品供给等方面投入了大量人力、物力、财力成本。三江源生态调节产品的受益者为保护三江源地区利益，需要交纳相应的费用。从实证分析结果来看，受全省经济发展水平影响，三江源生态产品的机会成本支付意愿与生态产品需求意愿呈正相关关系。所以，必须发挥政府的主导和协调作用，通过横向生态补偿实现三江源生态调节产品的价值。在国内水权、排污权、碳排放权交易体系尚未完全形成之前，不仅要保护好三江源脆弱的生态环境，还要保障其今后能够继续享有健康安全的生态调节产品，保障其今后的生存发展，我国各省、自治区、直辖市，特别是三江流域各省份要切实承担三江源生态保护横向转移支付责任。以下为具体传递路线。

（1）明确补偿主体和客体。由于三江源生态保护的主体是青海省，从政策、智力、组织、安置上都为保护三江源生态环境做出了巨大贡献，因此，三江流域横向补偿的对象应是青海省。

（2）将青海纳入长江经济带，建立多元化横向补偿机制。作为长江发源地的青海省，拥有1206千米的长江主干流流经区，约占长江总流域长度的19%。三江源区域生态环境质量对长江全流域生态安全和社会经济发展影响显著，是生态最敏感、环境最脆弱、生物多样性最集中的区域。作为长江流域生态系统的重要组成部分，青海省积极构建国家生态安全屏障，不断加强水资源安全保护、水土保持、生物多样性保护等生态调控服务，不断为长江经济带提供生态环境保护，提供优质生态产品。整个流域的生态系统保护离不开三江源生态环境保护与修复工程。

因此，提升长江生态保护工程的质量和效益的重要手段之一就是统筹规划，统一实施。对于区域协同保障来说，源头层面的基础建设和基础保护对整个区域具有不容忽视、不可替代的重要作用。将青海纳入长江经济带，建立多元横向生态补偿机制，对于长江下游和上游，生态产品受益区和供应区都产生了重要的影响作用。同时，为形成全流域生态环境保护的整体氛围，实现保护与发展的统一、责任与义务的统一做出积极贡献。因此，青海省要融入长江经济带，加强长江源头保护，建立完善的生态工程体系和制度政策体系，实现系统保护，按照"大保护""齐头并进"和流域系统统筹保护的创新发展理念，从横向上制定补偿标准。

（3）建立黄河全流域横向生态补偿机制。2021年10月8日，中共中央、国务院印发了《黄河流域生态保护和高质量发展规划纲要》，表明黄河流域生态保护和高质量发展作为重大国家战略进入了全面推进，加速落实的阶段。黄河发源于青海省，黄河干流在黄河生态环境保护中具有决定性作用。构建和完善三江源头生态资源价值实现机制，提升区域生态环境质量，增强区域生态产品供给能力，对构建和完善黄河流域横向生态补偿机制具有十分重要的现实意义。黄河流域生态补偿机制的构建过程如下：首先，以中央有关部门为主体，在黄河流域建设生态补偿机制的管理平台。通过建立一个统一的流域生态环境数据库，政府各部门协同上游、下游省份共同制定补偿标准和方法，利用服务平台集成数据、推进补偿工作、强化沟通、跟踪补偿资金使用情况，在保障三江源生态产品价值实现的同时，也对生态环境保护提出更高要求[①]。其次，发挥黄河流域龙头带动作用，推动沿线各省市积极参与。提出对黄河沿岸各省参与横向生态补偿资金给予鼓励和支持，并根据对黄河生态环境保护和精品建设做出的贡献，通过中央财政拨款、给予一定奖励或处罚、视具体情况可定等方式列入国家生态环境基金计划，使黄河生态补偿制度长期有效运行。最后，以地方为主加快建立多层次的生态补偿制度。以地方补偿为主，中央统筹指导，省级统筹协调，根据"以水定城、以水定地、

---

① 雷硕,孟晓杰,侯春飞,等.长江流域生态产品价值实现机制与成效评价 [J].环境工程技术学报,2022,12(2):399-407.

以水定人、以水定产"的原则，建立健全保障三江源区生态效益和可持续发展的黄河生态补偿制度，确定三江源补偿标准、权责和跨省区水质水量考核指标。

（4）积极参与澜沧江—湄公河合作机制。澜沧江—湄公河跨中国、越南、老挝、缅甸、柬埔寨和泰国，一江通六国，是沟通各国的友好桥梁。澜沧江—湄公河合作首次领导人会议于 2016 年 3 月 23 日在海南三亚举行。水资源是促进澜湄地区经济发展的先决条件，是促进澜沧江—湄公河合作不断向前发展的重要基石，是实现多元文化发展的源头和源泉。青海三江源是澜沧江—湄公河的发源地，是推动澜湄地区发展的重要因素。青海省应在澜沧江—湄公河合作机制新的大环境下，积极参与这一机制，为我国发挥主导作用提供生态支持。为此，青海省需继续在以下方面努力：一是坚持源头生态保护，保持生态系统完整，保证上游清洁水源。二是从源头上提出建立跨区域水资源合作机制的建议，包括水资源利用、水环境保护、沿岸生态保护等，参与"水资源合作五年行动计划"的制定，参与水资源合作平台共建共享，全面推进澜沧江—湄公河流域综合整治工作，加快澜沧江—湄公河生态补偿机制探索。三是要把三江源文化和澜湄文化有机结合起来，把"澜湄之约"作为六国交流的平台。青海省杂多县源区"澜湄之约"的主题活动已持续多年，主要是为六个国家的青年提供合作与交流。以"澜湄之约"品牌为依托，把合作交流拓展到生态保护、经济合作、文化交流等方面，为三江源区域提供一个全方位的交流平台，真正实现生态调控产品的价值。

（5）建立三江流域生态补偿基金。充分发挥国家调控功能，建立三江流域水资源保护基金，对三江流域各省的水资源开发和水质保护工作进行指导、约束和管理。中央和各流域政府以共同投资为主的三江流域水资源保护基金，由中央财政设立引导基金。根据长江地区的水权比例或者水环境质量的评定可以增加对黄河的评价，提高对各省的投资比例，对各省进行科学的评价。

三江流域的水资源保护资金，既要确保其在各个流域的生态环境保护中所占的比重，又要规定一定的数额，以表彰和补偿在水生态环境保护中做出突出贡献的省份。同时，国家生态环境部和水利部建立统一的监测体系作为三江水资源保护经费的参考，也可作为生态补偿和环境惩戒的重要参考，以解决我国三江流域各省之间水质检测标准不统一的问题。

三江流域具有高度的整体性和相关性，其内部各因素紧密相连，因此，必须把流域看作一个有机整体，协调统一。利用水利部长江水利委员会、水利部黄河水利委员会等国家流域主管部门的指导作用，加强三大流域省级政府间的交流与合作，促进三大流域保护与发展，建立协调治理机制，使三江流域形成"共同保护，共同发展"的良好局面。

2. 完善对口支援政策

尽管受自然、历史等因素制约，三江源地区区域公共服务基础薄弱，改善民生任务艰巨，但青海生态、经济、社会发展取得了长足发展。促进三江源地区生态环境持续好转，确保生态产品供应是解决上述问题的治本之策。必须加强对口支持，健全相应的配套措施。通过社会调研发现，三江源生态环境保护工作极其重要，92.5%的受访者认为三江源的生态保护具有重要意义，92.9%的受访者认为三江源地区要充分利用自身的资源优势，为其他地区提供全方位的支持。同时，青海省是我国重要的对口支援省份，与全国人民生态产品补贴之间具有显著的相关性。为此，应充分发挥三江源生态调控产品的价值，完善相关制度，加大政策和措施落实力度，充分发挥其在保护生态环境中的作用。主要从以下几方面开展工作。

（1）推动对口支援工作升级。要继续深化与国家相关部委、援青海省市、中央企业的合作，促进青藏高原生态文明高地建设，从经济、社会、科技、产业、项目、干部、人才等方面形成全方位、多层次的对口支援机制，在政策措施制定、基础设施项目建设、产业合作项目形成、战略合作协议签订等方面提质增效，为青藏高原生态文明高地建设、三江源生态环境恢复和优质生态产品供应提供助力，稳定保障。

（2）构建生态文明实践体系。贯彻习近平生态文明思想，按照"最大的价值在生态，最大的责任在生态，最大的潜力也在生态"的原则，进一步健全生态制度和补偿机制，加快黄河生态保护与高质量发展专项转移资金，在长江、黄河中下游省份建立生态补偿、青海水权补偿试点、探索生态产品价值计算技术及评价方法、青海建设生态产品交易平台，开展水权、排污权、碳汇等交易，努力维护三江源生态环境，保证三江源生态资源的供应，在三江源生态保护与民生改善的基础上，真正实现生态产品的价值。

（3）优化支援资金使用和提高支援比例。青海省为提升区域生态文明建设水平，缓解人地矛盾，实现生态产品供给良性循环，要立足生态大省优势，进一步完善扶持体系，加大专项资金投入力度，其中50%以上用于生态环境保护和修复。同时，按照援藏、援疆资金比例，加大对支援省份资金支持的力度，其中加大对三江源生态环境保护和修复的资金支持，包括北京、上海、天津、山东、江苏、浙江等省、直辖市的资金支持。

（4）持续加大技术投入。支持省份要在经费支持的前提下，充分利用区域人才科技优势，进一步加强对青海省的人才支持；与青海省合作，通过干部挂职、定向培养等方式，为三江源地区提供人才支撑。同时，在环保方面要加强技术投资，尤其要从长远利益出发，帮助青海省引进适合高寒地区特点的垃圾废水等处理新技术，以及新的公厕等环卫设备，既能保护生态，又能提高当地居民的生活品质。

（5）对口支援省份生态产品特殊优惠。对于支持青海省和三江源地区各县的生态产品，青海政府要出台相关的优惠政策，包括生态产品的价格、生态产品的供给、税费减免等，从而提高全国居民的生态产品的购买和支付意愿。

3. 建立三江源生态环境共建共享机制

单纯要求三江源生态受益区向当地支付生态补偿金，而不允许其参与共建共享，容易导致流域上下游地区利益失衡，不利于横向生态补偿机制的长期稳定运行。而建立三江源生态环境共建共享机制，将有助于三江流域的生态保护和生态产品供应的可持续发展。

（1）持续实施三江源生态保护工程。目前，在三江源生态保护与建设二期工程的基础上，利用已有的政策扶持和保护措施，在三江源生态保护综合试验区和三江源国家公园建设的大背景下，与各省共同努力，使三江源生态环境保护工程得到更大发展。同时，及早规划、实施三江源生态保护项目，密切配合三江源国家公园建设，加强可可西里国家公园的建设，加强对三江源的保护。

（2）联合应对气候变化。三江源地区是我国气候变化的一个敏感区域，三江流域各省份要加深对全球气候变化的认识，积极采取相关的应对措施并做出适当的调整，共同开展气候变化与生态系统演变替代的研究与实践，建立三江流域合作共建共享的气候变化监测体系，把三江源地区建设成为一个以全球为单位，共同应对和适应气候变化的典型地区。

（3）制定流域生态保护法规，构建流域协同管理机制。流域生态保护制度的建立与完善，是实现流域合作、推进共建共享的重要基础保证。目前，三江流域尚无统一的生态保护制度，上游与下游之间法律法规的协调与冲突、协调管理不力、资源利用缺乏统筹等问题，严重影响了三江流域的合作与共享。为此，要对三江流域生态保护法规进行深入研究，根据长江、黄河、澜沧江的特点，制定特色的三江流域生态保护法规，并且建设专门的管理机制，进一步强化对三江源上游的治理与保护，同时也要强化三江源生态保护的地方性法规制度保障，进一步完善财税、金融、投资、产业、人口、对口支援、人才等支持政策，出台实施生态环境监测评估、草原生态管护机制，建立环境监测预警评估机制，为三江源生态补偿机制顺利运行提供基础制度保障。

（4）构建国际交流共享机制。三江源是一个具有全球影响力的生态功能区，其通过大力推介三江源生态地位、生态保护和生态产品价值，使三江流域的共建共享向亚洲乃至全球扩展。三江流域要加强国际交流、人才交流和技术交流，以长江、黄河和澜沧江三江源国家公园为依托，在流域治理机制、能力建设等方面进行合作，打造一个全球统一的治理模式。

（三）三江源生态调节产品纵向生态补偿

三江源生态地区调节产品的价值实现要坚持以国家层面的指导为主。政府在实现其价值层面起着决定性作用。政府要充分制定相应的政策和优惠策略，使三江源生态产品的价值实现有法可依，使生态价值产品的实现流程及实现路径有迹可循，保证公平、公正的原则，充分发挥市场和政府的调节机制。同时，政府要注重生态改善与居民生活之间的协调，使居民在生态改善过程中感受到生活水平的提高。这对三江源地区生态保护建设来说具有重要的促进作用，多种元素的双向循环能够促进三江源地区生态建设在可持续发展的道路上前进。研究发现，三江源的生态产品供应意愿主要取决于生态补偿的满意度，通过合理使用可实现三江源流域生态调节产品的价值，有效改善生态环境，增加生态产品供给。目前，政府主要建立三江源生态补偿资金使用绩效评价制度、生态补偿政策和各类转移支付等特殊生态补偿办法，使三江源生态补偿范围、补偿标准和补偿力度达到目的。

1. 完善纵向补偿生态补偿机制，改善生态补偿效果

完善三江源生态补偿制度必须从以下三个方面进行：一是根据三江源生态系统功能的重要性、生态系统保护的压力、保护和修复的成本等方面，准确选择补偿对象，确定三江源生态补偿的目标；二是从利益和代价两方面考虑，优化补偿标准，构建灵活的实施机制，由受偿人投标或资源参与，以最大限度地利用补偿基金，防止因补偿不足或补偿过多而造成的损失；三是因地制宜，建立灵活的纵向补偿基金发放与分配机制，配合教育、医疗、人才培养（引进）等补偿手段，提高三江源地区的整体生态补偿效益。三江源可从多角度获得政府资金支持，如加大生态指标权重、加大分配调节力度、加大对三江源生态功能区转移支付的直接补偿额度、申报生态修复奖励、申报其他专项扶持等。

为确保三江源区域持续的生态保护和个别生态保护工程的实施，必须在政府层面建立一种专项投资与保障投资（均衡）（简称双线）的补偿机制。按照事权归属，健全三江源地区资金投入长效保障机制，保证三江源地区的日常运行、基础设施建设、生态保护、历史遗留探（采）矿点生态环境治理、生态保护和生态管理公益岗位的设置。在固碳释氧、生物多样性保护、水源涵养、土壤保持等方面，必须进行市场化的交易与专项补偿机制的研究，从而提高三江源现有的生态补偿效果，促进人地关系的协调、可持续发展。

2. 增强纵向生态补偿、扶贫开发与乡村振兴的多向互动

2016 年 5 月 13 日发布的《国务院办公厅关于健全生态保护补偿机制的意见》提出"结合生态保护补偿推进精准脱贫"的要求，2020 年 4 月，青海 17 个贫困县全部脱贫，实现了全国"清零"，乡村振兴的核心是脱贫攻坚，生态补偿对实现三江源生态产业的全面发展、产业兴旺、乡村振兴具有重大意义。因此，实现三江源生态产品价值的根本途径是加强生态纵向补偿、扶贫开发与乡村振兴的多向联动。

首先，从三江源生态补偿的角度出发，根据精准扶贫的具体要求，将三江源生态保护的纵向生态补偿资金用于"造血型"生态保护，并根据三江源的自然状况和实际情况，加强生态纵向补偿、扶贫攻坚与乡村振兴多向联动，才是实现三江源生态产品价值的根本途径，从而保证三江源生态环境的稳定和生态产品的可持续供应。其次，运用纵向生态补偿基金，引导三江源牧区的居民进行有序转产，增加"造血型"生态保护的补偿，通过发展生态养殖合作社带动当地畜牧业生产，带动三江源地区的生态环境保护和生产。最后，要把三江源的生态优势转变成发展优势，把扶贫与乡村振兴相结合，把"绿水青山"变成"金山银山"，把绿色农业、有机农业、生态旅游等农业生产基地打造成三江源特色生态产业体系，通过纵向生态补偿，把扶贫攻坚和农村振兴结合起来，实现三江源生态环境保护和生态产品价值实现的双赢。

3. 发挥政府主导优势，推进单项补偿向综合性补偿转变

目前，我国生态补偿机制存在一定的弊端，如补偿规模偏低、专项转移资金分散、补偿资金统筹使用难度较大、补偿模式较为单一等，难以满足生态产品补偿需求。因此，要提高三江源流域的生态资源供应能力，实现三江源的生态产品价值，就必须推进单一生态补偿向综合生态补偿模式的转型，将目前中央和青海省关于三江源的纵向生态补偿的政策与项目资金进行整合，在资金运用上给予地方一定的自主权，充分发挥三江源流域的生态效益。主要从以下三方面入手。

（1）青海省要统筹三江源生态补偿政策的实施，建立青海省级生态保护

的主体责任和利益共享机制，充分利用生态环境部、发展和改革委员会、农业农村部、财政部等多部门的职能优势。

（2）青海从预算和控制两方面着手，一方面加强财政预算管理，整合不同层级、不同渠道的资金，通过整合垂直生态补偿和中央、各部门、各层次生态保护专项资金，实行统一分类、统一使用。另一方面，整合相关生态补偿资金，由青海省政府统筹安排，有效控制资金使用。

（3）三江源生态保护项目、产业、园区、规划等形式的资金整合平台，通过财政补助、投资参股、以奖代补、贷款担保等多元化、灵活的综合补偿方式，根据项目性质的不同，通过社会、市场和当地居民等渠道筹集资金。

4. 建立三江源纵向生态补偿资金利用绩效评估机制

通过纵向生态补偿基金的使用及通过纵向生态补偿，可以使三江源生态产品的供应能力得到持续提高，从而使地方生态产品增值。建立生态产品供给与价值实现双向约束三江源生态补偿资金使用绩效评价制度，以达到奖优惩劣的目的。第一，对三江源生态资源进行定量计算，对三江源生态资源的增加进行计算，并建立科学、合理的补偿标准，为三江源生态资源的配置与利用提供参考。第二，构建三江源流域生态资源供应状况与资金使用状况相结合的绩效评估机制，并根据三江源生态补偿主体、补偿受益现状，建立"补偿指标、激励指标、惩罚指标"考核机制，对三江源生态资源的供给和补偿资金的使用进行动态评估。三江源地区的生态环境保护和生态产品供给应通过建立监测、评估等方式来促进三江源地区生态环境质量的提高和生态产品供给的持续增加，会得到更多的生态补偿。

三、文化产品价值

三江源地区的生态文化产品以独特的自然风光和灿烂的民族文化而受到国内外的广泛关注。三江源生态文化产品的价值包括旅游、宗教、文化、科学研究、审美精神等方面，具有很高的生态价值和开发价值，是三江源生态旅游资源的重要组成部分。青海省建设国际生态旅游目的地，不仅可以实现生态环境保护，还可以展现其美丽的生态高原；可以促进不同国家文化的交流；促进基础设施的发展，提高人民生活水平，对保护生态环境、促进民族团结、弘扬优秀文化、振兴乡村都起到了重要的作用。三江源生态文化旅游资源的价值实现，将成为全社会关注、参与三江源文化旅游及青海省建设国际生态旅游目的地的有力举措。

（一）三江源生态文化产品资源

青海大美、三江源美，独特的高原自然风光与人文景观吸引了无数人，而三江源又是他们向往的、具有鲜明特色的旅游胜地。三江源的生态文化产品主要体现在生态旅游资源方面，具有旅游、宗教、科学、美学等重要文化属性，可以为其价值实现途径的研究打下坚实的基础。

1. 三江源旅游资源

（1）三江源特有的旅游优势。三江源是青海省著名的旅游胜地，具有独特的生态环境和生态价值。第一，它起源于三江。长江和黄河是中华民族的母亲河，是人类文明发展的摇篮；澜沧江被称为"东方多瑙河"，在经过中国、缅甸、老挝等六国之后，流入太平洋，使周边国家受益。第二，它是保护生态安全的关键。三江源位于世界第三极，是敏感区、启动区，是全球生态系统的调整者和稳定器，是世界上最大的高原湿地、高寒草原、灌丛和森林生态系统，是世界"四大超净区"，是我国高寒地区生物多样性、物种多样性、基因多样性和遗传多样性最集中的地区。第三，青海三江源国家公园作为中国首个国家公园体制试点，标志着中国国家公园的建设进入了一个崭新的时代，它将成为青海走向全国、走向世界的窗口，成为青藏高原一个重要的生态平台。青海是全国洁净能源示范省份，是国家清洁能源发展的重要基地，三江源清洁能源的开发将为青海建设国家洁净能源的工业基地打下良好的基础。

（2）青海省旅游资源简介。青海省旅游资源种类繁多，以世界级、国家级、省级为核心，已形成了满足不同类型、不同地域、不同需求、不同消费层次游客的多元旅游资源。目前，已形成集康巴文化、三江源文化、唐蕃古道文化于一体的完整旅游体系，以三江源公园为中心，以可可西里、三江源为主要景点。

青海省的旅游景区开发不断完善，到 2019 年年末，青海省共有 110 个国家 A 级景区，其中包括国家 5A 级景区 3 个，国家 4A 级景区 24 个，国家 3A 级景区 64 个，国家 2A 级景区 19 个。西宁市是我国著名的旅游景点，是我国最早发展的城市，也是最大的旅游景点。其他地方要加快发展，形成区域布局，积极构建国家示范县，使该地区的旅游资源得到充分利用，使青海省的旅游资源在生态保护和经济发展两个层面得到有效协调，不断推进国家级公园建设及森林公园的创建工作。

（3）三江源旅游资源简介。三江源地区旅游资源主要包括世界级旅游资源，其拥有世界一流的九大旅游资源。除可可西里与三江并流两大世界级旅游景点外，还有世界屋脊风光、玉树歌舞、藏族格萨尔王传、隆宝滩、勒巴沟—新寨嘛呢石经城，都是三江源特有的"世界之最"。

2.三江源文化资源

澜沧江流域在漫长的历史长河中，也孕育着灿烂的文化，黄河、长江是华夏文明的发祥地，承载着中华民族的时代精神。三江源地区是各民族在融合发展壮大的同时，仍保有本民族文化形态的多民族聚居地。尽管三江源地区的各个民族都有自己的宗教和习俗，但是由于不同的民族不断融合、交流、相互依存，因此三江源地区的宗教文化是丰富多彩的。

三江源地区的文化产品既有民族文化，也有宗教文化，在三江源旅游开发中占有举足轻重的地位。三江源地区的多元文化并存共生、良性互动与包容共享的格局，为国家利益、民族利益、区域利益的实现打下了良好的文化根基，也为国家利益、民族利益、区域利益的协调共生提供了重要的文化依据。同时，藏族民众所信仰的佛教是三江源地区宗教文化的重要组成部分，使三江源的生态文化产品更加丰富。人们意识到，三江源文化的多样性和宗教文化价值是实现生态文化产品价值的关键所在。

（1）三江源民族文化产品。三江源是中国昆仑文化的中心地带，也是藏族文化的中心地带，更是源头文化的中心地带，文化资源非常丰富。三江源文化的核心是民族文化，同时三江源文化也是江河文化的核心。"唐蕃古道"从三江源穿过，唐代以后，藏文化就是三江源地区的主要组成部分，河南内蒙古自治县的蒙古族文化十分独特。藏民族以丰富多彩的宗教经典、地方民族史书、文学作品等内容,在三江源地区留下了丰富灿烂的精神文化遗产。《格萨尔王传》作为一部传世史诗,成为地方特色鲜明的"嘎嘉洛文化"。根据《三江源国家公园总体规划》,其中,国家公园所在的四县,有1处进入国家级非物质文化遗产名录,2人为国家级代表性传承人;7处进入省级非物质文化遗产名录,9人为省级代表性传承人。分布于四县的不可移动文物共计78处,其中有1处全国重点文物保护单位,5处省级文物保护单位。[①]

（2）格萨尔（果洛）文化生态保护实验区。格萨尔文化涵盖民间文学、传统音乐、舞蹈、戏剧、美术、艺术、信仰、民俗、自然景观、文物古迹、寺庙建筑等形式,以"格萨尔"的传统故事为基础,结合格萨尔信仰及其与之相关的宗教和节庆活动,是三江源民族文化的重要而独特的形式。2014年7月,经中华人民共和国文化和旅游部批准,涉及果洛州6个县44个乡镇、182个牧委会,总面积约7.6万平方千米的格萨尔（果洛）文化生态保护实验区在果洛州设立。

（3）藏族文化（玉树）生态保护实验区。藏族文化（玉树）生态保护实验区以玉树市为核心区,辐射称多县、治多县、囊谦县、杂多县、曲麻莱县等。以宗教建筑、音乐、绘画、石刻、舞蹈、服饰、手工技艺等为主的玉树州藏族文化内涵十分丰富,与佛教宗教生活和世俗生活密切相关,具有鲜明的康巴藏族特色和独特的康巴民族风情。深入挖掘民族文化的独特内涵和价值,积极构建青海各宗教、各民族之间的文化多元共生、传承发展格局,使民族文化多样性得到尊重和保护、传承,建立国家文化生态保护实验区,对推动三江源地区自然、文化、生态协调发展具有重大现实意义。

3. 三江源生态文化产品价值实现现状

在"生态立省"发展的大背景下,三江源地区目前在保持生态环境质量的基础上,结合当地民族、宗教、自然风光、民俗风情等,大力发展生态旅游业,主要以生态旅游为生态文化产品价值实现途径。

三江源国家公园自2021年建立以来,就以巍峨的雪山、神秘的藏传佛

① 资料来源:《新西部》2020年9月合刊《走进世界最高国家公园》一文。

教、多彩的民族风情、多样的野生动物、洁净的绿色草地而被誉为"万水之乡，万水千山"，成了举世瞩目的地方。青海省旅游局和中国科学院地理科学与资源研究所于 2009 年编制《2009—2025 青海省三江源地区生态旅游发展规划》，2016 年 12 月，中国文化部印发了《关于同意实施＜格萨尔文化（果洛）生态保护实验总体规划＞的复函》，2017 年 6 月，青海省第十二届人民代表大会常务委员会第三十四次会议通过了《三江源国家公园条例（试行）》，目前青海省、三江源各级政府着力发展生态旅游产业。经过几年的经营与艰苦的工作，三江源地区生态旅游已经发展成为一个以生态旅游、探险旅游、民族文化旅游、民俗旅游等为主要内容的生态旅游目的地，各类生态文化产品的知名度不断提升。随着绿色能源、各类交通、市政服务、通信基础等基础设施建设的保障运行，三江源地区旅游接待水平逐年提高。2009 年，玉树藏族自治州共接待游客 148.97 万人次，实现旅游收入 9.68 亿元。2013 年果洛州接待国内外游客 21.43 万人次，同比增长 18%；实现旅游收入 1.21 亿元，同比增长 25%，旅游总收入首次突破亿元大关。到了 2019 年，这两个地区的游客数量已经增加到了 187 万，总的旅游收入达到了 12.2 亿元。[①] 同时，在国家扶持的基础上，三江源通过实施"民族风情园""农家乐、牧家乐"等一系列具有民族特色的乡村旅游经营模式，以生态旅游带动了区域的经济发展。三江源各州的旅游业发展状况如下。

（1）果洛州。果洛州通过健全旅游总体规划和旅游景区详细规划，到 2018 年年末，投入 5134 万元，用于加强旅游景区的基础设施和配套设施建设，以此提升旅游景区的硬件环境和服务水平，改善城镇旅游住宿、餐饮、娱乐和购物条件。目前，果洛州在不断完善旅游管理制度和机制方面，组建了久治年保玉则景区保护管理局、果洛州旅游开发公司及各县分公司，为发展旅游业提供了良好的管理依据。

果洛州各县旅游文化节庆活动形式多样，主要有玛域格萨尔文化旅游节、

---

① 资料来源：青海日报

久治年保玉则文化旅游节、班玛古村藏寨暨格萨尔文化旅游节、达日狮龙宫殿文化艺术节等。截至2019年，果洛州旅游景点70处，其中国家地质公园2处，4A级景区2处，3A级景区15处。2019年全年来果洛州旅游人数达39.2万人次，同比增长20.25%；旅游总收入28000万元，同比增长16.67%。2019年全年来果洛州旅游人数为39.22万人次，同比增长20.31%；旅游总收入28144.16万元，同比增长19.89%。[①]

（2）玉树藏族自治州。由于近几年开通了6条航线，玉树藏族地区已成为全国最快速的支线机场，从西宁到玉树的中转流程大幅缩短，旅客的出行也变得更加方便。玉树州旅游基础设施方面加大了投资力度，投入了9757万元，重点建设了大型标识标牌、生态旅游公厕等公共服务设施。玉树藏族自治州利用新媒体平台，通过微信、微博等网络平台，将玉树的旅游宣传信息传播出去，以扩大当地旅游资源的影响力和覆盖面。其中包括《旅行者——中华大地寻梦之旅》和《旅行者的家园》等图书，还包括玉树赛马会、格萨尔青稞文化节、三江源水文化节、唐蕃古道国际自驾车旅游文化节、长江寻根溯源文化旅游节、尕朵觉沃徒步转山节暨首届藏地十大圣山国际自驾车旅游文化节等文化旅游节庆活动。2021年玉树机场旅客吞吐量为37.46万人次，创历史新高，共接待游客148.97万人，实现旅游收入9.68亿元。[②]

（3）黄南藏族自治州。黄南藏族自治州以文化、旅游融合为重点，制定了文化旅游融合发展规划、文化产业发展规划。经过国家验收，2021年黄南藏族自治州热贡文化生态保护区正式被确定为国家级生态文化保护区。截至2020年3月，黄南藏族自治州的生态旅游、文化产业取得的成绩有：昂拉千户府被列为国家第八批重点文物保护单位；大型藏剧《意卓拉姆》获青海省第八届文艺奖；大力发展民族民间传统文化遗产，制定《热贡唐卡青海地方标准》，注册"中国唐卡艺术之乡"，成立了热贡艺术研究院，热贡唐卡获得了国家地理标志保护。

目前，黄南藏族自治州重点打造的生态文化产品有"青海·热贡文化旅

---

① 资料来源：果洛藏族自治州2019年国民经济和社会发展统计公报。
② 资料来源：青海日报。

游节"系列活动,藏戏艺术周、"五彩神箭杯"国际民族传统射箭精英赛、青海尖扎黄河国际铁人三项邀请赛、那达慕等文化体育赛事活动。在生态乡村旅游方面,黄南藏族自治州德吉村获得"全国生态文化村"称号,旅游人次和收入同比增长均达到 20% 以上,文化旅游业逐步成为富民强州的新兴朝阳产业。2021 年黄南藏族自治州共接待国内外游客 758.74 万人次,比上年增长 12.82%。旅游总收入 26.74 亿元,同比增长 3.33%。①

(4)海南藏族自治州。海南藏族自治州以"文旅促服务、服务促文旅"的生态旅游服务,持续改善州内的生态旅游基础,利用"藏"系列的藏蜜、绣、香等旅游商品,开展"探秘金沙·穿越木格"为主题的高原沙漠机车越野挑战赛等旅游文体活动,以凸显地方的生态文化优势,实现生态产品的价值。海南藏族自治州通过"全国少数民族传统体育运动会""中国青海湖高原越野赛""国际环湖自行车赛""高原摩托车越野赛"等系列活动,进一步提高"圣洁海南"的品牌形象和影响力,生态旅游产业得到了快速发展。2019 年,全州接待旅游人数 1136 万人次,比上年增长 20.95%;实现旅游收入 37.8 亿元,比上年增长 49.41%。②

4. 三江源生态文化产品价值实现困境

将"绿水青山"转变为"金山银山",发展生态旅游是其重要途径。目前,三江源地区的生态文化产品开发潜力巨大,发展势头良好,但三江源生态文化产品价值实现方面仍然存在一些困境和问题。

(1)生态文化产品开发和传播有待提升。三江源是中国海拔最高、民族文化最典型、宗教文化最具吸引力、自然风光最为壮观的区域,但目前三江源生态文化产品的发展与推广仍面临如下问题。

第一,三江源地区发展生态文化产品的品牌意识较弱。目前,三江源地区还没有形成一个公共品牌,这不仅会对旅游品牌建设、旅游核心产品、旅游景区建设造成一定的影响,也会对三江源等生态旅游产品产生一定的冲击。三江源地区目前主要旅游目的地和核心旅游区数量较少,缺乏具有代表性的

---

① 资料来源:青海日报。
② 资料来源:青海日报。

旅游品牌和旅游线路，加之三江源地区生态环境脆弱，生态资源不易再生，因此，三江源核心区、可可西里、年保玉则等旅游景点成为旅游禁区。

第二，三江源是我国重要的生态安全屏障，提供优质的生态产品，应该为海内外人民所熟知，但在抽样问卷调查中，54.4%的受访者对三江源的情况一无所知，这表明三江源还需要提高自己的知名度。目前，三江源地区的生态文化产品大多处于"单兵作战"状态，很少以三江源的区域公用品牌的名义打广告、做宣传。三江源的众多旅游资源分布较广，政府、企业等部门之间的资源缺乏有效的整合，使得三江源的生态文化产品在当地的知名度和号召力受到影响。

（2）生态文化产业配套基础设施建设不足。三江源地区就当前的发展而言，基础设施建设的瓶颈依然突出，主要表现为旅游运输。三江源地区地域辽阔，地理条件复杂，道路密度低，公路等级低，公路状况有待提升，加上各生态文化资源间距离较远、分布比较散，存在线路过长、空间跨度大、可进入参与性差等问题。另外，目前三江源地区发展的航线数量不多，机场布局还不够完善，航线的费用也比较高，因此航空运输的整体水平还有待提高。

在公共服务领域，由于三江源地域辽阔，通信服务的运营和维护费用较高，目前还不能实现全覆盖，服务质量有待提高。由于各地有资质的旅游营运车辆、停车场、公共厕所、自驾车营地等运输服务的品质与数量都无法达到要求，以及当地第三产业的发展相对落后，当地的"吃、住、行、游、购、娱"等方面存在"小、散、弱、差"的问题，因此三江源地区的发展呈现"一流资源、二流声望、三流发展、四流运输、五流经营"的窘境，严重影响了当地生态文化产品的价值。

（3）生态文化产业专业人才匮乏、服务质量不高。目前，青海省社会、经济发展水平较低，在一定程度上制约了人才引进，从而使三江源生态文化产业在各方面都缺少专门的人才，影响了其服务质量。生态旅游业的经营，除了要有丰富的旅游经营管理经验外，更要有较强的环保意识，在充分发挥三江源的生态文化产业价值的同时，还必须确保生态环境的适应性与生态环境的保护。

生态旅游行业缺乏专门的服务人员，这些人员包括导游、景区接待人员和服务人员。一方面，由于本地居民没有接受过正规的培训和教育，他们的思想意识还没有向服务对象转变，导致服务质量不高，用户体验不佳；另一方面，由于对三江源历史文化、宗教文化和民族文化缺乏认知，缺乏对三江源文化的认知，从而影响旅游体验。三江源生态旅游开发中，一些商户缺乏良好的服务意识，存在欺诈消费者等问题。商家为消费者提供优质的服务与产品，是三江源旅游最好的广告和宣传手段，而一些商家为了一时的利益，不惜损害三江源的"大美"品牌，这不利于当地生态旅游业的发展，也会对三江源的生态文化产品的价值实现产生不利的影响。

（4）三江源自然条件制约性明显。三江源位于青藏高原腹地，受典型的高原大陆性气候和高海拔地区的影响，其旅游发展受到一定限制。三江源的主要旅游季节一般在6月中旬到9月中旬，当地的生态旅游和整个生态文化产业都会受到季节性的影响，这是目前三江源地区实现生态文化产品价值面临的最大难题。

由于三江源地区海拔高、干旱、缺氧、昼夜温差大，对游客的体能有很高的要求，不仅限制了一些体质较弱的游客到三江源地区旅游，降低了当地居民的收入，也会导致游客在游览过程中必须克服自然条件的障碍，影响旅游的整体体验。独特的地理、自然气候条件，使三江源对旅游服务、应急救援服务、酒店服务、物流服务等要求都比其他地区高、难度大。

（5）地区发展与保护矛盾依旧突出。三江源地区的经济、社会发展程度不高，但提高人民生活品质的要求越来越高。三江源地区各级政府正致力于从"绿水青山"到"金山银山"的转型。然而，由于生态环境保护与区域经济发展的矛盾，生态旅游业的发展必须面对相应的环境治理和潜在的生态破坏风险，而对生态旅游的彻底取缔，将直接影响当地经济、社会发展、人民的生活质量。

三江源自然保护区成立之初，部分乡镇、村、社划归国家级自然保护区，乃至目前的三江源核心区及缓冲区，造成了区域基础设施建设、道路建设、民生工程的开展。自2018年4月10日起，为保护水源和草场地，年宝玉则国家公园开始停止对外接待。这些问题对三江源生态文化产业的推动与发展产生了一定的影响，也对其价值实现产生了相应的影响。

5. 三江源生态文化产品价值实现路径

将生态文化产品转变为生态旅游产品，既可以实现其价值转换，也可以提高人们的获得感，从而扩大其受益面。三江源的生态文化产品价值实现，从"绿水青山"到"金山银山"转换渠道，以发展生态旅游为主要途径。三江源生态旅游是在本地生态资源的基础上，结合宗教文化、民族文化、历史文化等文化，将生态体验结合起来，形成了一种生态旅游发展与保护、文化与生态、人与自然的协调发展模式。

（1）编制三江源生态旅游发展规划和布局。以创建世界生态旅游城市为中心，结合青海省"十四五"和2035规划提出的"绿色""人文"三江源，积极发展和促进地方特色文化产业，建设中国重要的生态文化产品供应地。充分利用三江源地区的生态资源、人文特色和大范围景观资源，推进生态补偿对象向生态产品卖方市场转变等目标任务，打造高端特色旅游品牌，因地制宜开展生态体验和自然教育。把玉树市建成高原生态经济、文化旅游城市、三江源地区中心城市，把玛沁建成高原雪域新城，作为三江源地区发展文化产业的基础，以点状分布、适度规模、功能配套的生态人文旅游小镇为保障，打造文旅商城融合发展的综合体系是推动生态文化产品价值实现的重要体现。

（2）制定三江源生态旅游与保护的相关规范。学习国外先进经验，制定青海省生态旅游国际标准，制订三江源生态旅游标准，并参考青海省标准，制定《生态旅游产品标准》《生态旅游景区开发与经营管理规范》《生态旅游解说服务质量规范》《生态旅游者行为准则》等标准规范，同时建立健全《青海省生态旅游环境保护条例》《青海省生态旅游环境督察制度》《青海省生态旅游环境破坏责任追究制度》。必须建立健全管理制度，从立法、制度、协议等方面对游客的生态破坏行为进行规范和管理，让游客在欣赏美丽的自然风光时，尽可能减少给生态环境带来的负面影响。

（3）管控三江源生态旅游开发空间和环境容量。以三江源国家自然保护区、三江源国家公园、三江源生态保护综合试验区为例，对三江源生态旅游空间进行划分，划分为一级保护区、二级保护区和三级保护区；将旅游度假区的空间划分为禁止建设区、限制建设区、建设区，并对其采取严格的控制和保护措施。同时，通过测算景区空间的旅游环境容量临界值，建立基于互联网、信息技术等技术手段的环境容量调节体系，防止景区超载接待游客，对满负荷的生态旅游景区在旅游淡季安排充分恢复和休息时间。

（4）统筹区域协作和加强国际合作。要充分发挥政府的主导作用，加强青海省内外生态旅游市场的交流与合作，将三江源生态旅游产品的开发与品牌整合起来，促进三江源生态旅游与环境保护的协调发展。同时，积极推动青海省与世界旅游组织、世界自然保护联盟等国际组织在生态旅游发展和保护协调发展方面的合作，并通过学术研讨、技术交流、项目评估等方式，促进三江源生态旅游和生态保护协调发展，加强与"一带一路"沿线各国、地区间的生态旅游合作，以提高三江源生态旅游的品质，推动建设世界生态旅游目的地。

（5）三江源生态文化产品基础建设。通过对三江源游客的抽样调查发现，最受游客欢迎的是"基础设施（酒店、餐饮、交通等）""安全的旅行环境""自然风光、风土人情、宗教文化""童叟无欺、价格透明""独特的周边旅游"等。为保证三江源生态旅游在吃、住、行、游、购、娱方面的满意度，必须加强市场、基础设施、服务等方面的建设和管理。

6. 三江源生态旅游的市场基础建设

（1）优化营商环境，培育市场主体。青海省现代服务业以旅游业为主导，发展生态旅游是实现三江源生态产品价值的重要途径。三江源的生态旅游为国内外旅游者提供了一种高端的旅游体验，必须建立市场化、法治化、国际化的营商环境。依法平等地保护国有、民营、外资等各类所有制企业的财产权和自主经营权，为三江源生态旅游提供公平竞争的法律环境，促进企业的创新发展，维护知识产权，营造稳定、公平、透明的法治化营商环境。

同时，引入具有战略意义的投资公司，在创意研发、品牌培育、渠道建设、营销推广等方面，促进三江源生态旅游的发展；支持全省的文化旅游企业，支持各种文化、旅游组织、行业协会，引导其加入三江源旅游开发，整合优势资源建设三江源生态旅游市场，提高三江源的生态旅游服务水平和影响力。

（2）引导社会参与，实现共建共享。三江源生态旅游产业要引导社会力量投入，一是鼓励社会把资金用在三江源的开发、经营和产业的发展上，推广绿色旅游产品、绿色旅游企业的认证、特许经营等；二是积极引导三江源社区和居民参与生态旅游的建设、经营和服务，以及三江源的生态环境保护。研究开发三江源生态旅游的生态补偿机制，健全生态保护和生态旅游利益分配的激励机制和约束条件，与生态旅游开发相结合，实现三江源国际生态旅游开发成果，以三江源生态旅游为战略支柱，巩固脱贫成果，推动三江源地区的文化、教育、卫生、水电、交通、金融、邮政、通信等基础设施建设。

7. 三江源生态旅游的基础设施与服务建设

（1）完善三江源基础服务设施建设。依托三江源生态旅游的基础服务设施，从住宿、餐饮、交通、服务、娱乐、购物、加油、充电等方面着手，按照国际标准建设基础设施和旅游辅助设施，如高标准旅游交通集散中心、游客咨询服务中心、应急救援中心、多语种旅游标识牌全覆盖、山地户外营地、自驾车房车营地、低空飞行营地、停车场、旅游公厕等，以可持续利用、节能节约、生态保护为原则，探索生态住宿、绿色餐饮、共享交通等业态。

三江源地区的生态环境十分脆弱，对基础设施的建设提出了明确的要求，要在生态旅游区域内进行配套设施的建设，必须有明确的建设标准和环保要求，杜绝对生态环境存在不利影响，相关配套产业和设施可以集中在县城和村社中打造，一方面能够防止三江源的生态环境恶化，另一方面可以提供大量的就业机会，提高当地的经济发展水平和人民的生活质量。

（2）对标国际服务标准。三江源生态旅游服务的国际化、标准化和信息化水平不断提高。由于三江源特殊的自然环境，必须加强旅游安全管理，在三江源建立应急响应机制和预警信息发布机制，加大对三江源旅游的投资力度，确保三江源的旅游安全。根据 ISO 9001 国际管理标准，构建符合国际通行的旅游服务标准，推动三江源生态旅游服务要素的提升，提升当地景区、交通、住宿、餐饮、娱乐、购物等行业的服务标准和水平。

（3）重视三江源生态旅游科技支撑和智慧服务。在三江源生态观光、生态休闲、生态环境保护、科普教育、文化演出等方面，不断丰富生态旅游产品的科技含量。通过科研与技术研发，对三江源的污染治理、生态修复等项目进行研究与扶持，以保证生态旅游的发展不会对当地生态环境造成损害。三江源地区开发清洁能源，如风能、太阳能等，突出绿色、生态、环保的特点，大力推动三江源生态旅游向生态化、低碳化方向发展。

利用信息化技术构建三江源旅游智能大数据平台，同时接入气象、交通、应急、卫生、公共安全等相关数据，在三江源区域内实现数据的互通与共享，确保三江源生态旅游期间用户体验的满意度和游客的安全。将三江源生态旅游资源整合，建设三江源生态景区预约系统，对游客进行动态管理，确保游客的出行安全、满意；对景区生态承载能力进行监测、分时游览，为游客提供智能导览的智慧化服务，严格落实"限量、预约、错峰"的景区管理要求。同时，为游客提供网上信息预览、网上预订、网上支付等快捷服务，使旅游更加智能化、个性化。

（二）三江源生态旅游的生态产业化

调查发现，在三江源的生态旅游意愿方面，受访者在旅游市场、日常旅行消费、旅游纪念品消费等方面，均倾向于每天花费 500~1000 元。要使游客更强烈地参与三江源的生态旅游，就要花更多的时间去了解当地的生态文化产品，也必须走生态旅游的生态工业化道路，从而提升游客的满意度。

1. 健全三江源生态旅游产业体系

（1）开发三江源生态旅游产品体系。建设三江源生态旅游产品体系，首先，按照国家的生态文明战略，构建三江源大环线。在这条线路上，相关方应加大生态环境的宣传力度，建设三江源科考、可可西里科考、野生动物观光、摄影观光、少数民族文化生态、高原湖泊、雪山冰川、生物多样性体验项目。在"绿水青山"即"金山银山"的基础上，提出长江、黄河、澜沧江的溯源，阿尼玛卿、可可西里的穿越等具体构想。其次，结合三江源地区的资源、环境质量、市场潜力、基础设施等，依托当地的山地、森林、湖泊、草原、冰川、人文等生态系统和人文景观，建设三江源生态旅游世界遗产地、自然公园、一般自然景区、人文生态景区等生态景区。最后，以三江源为核心的生态旅游景区建设，挖掘景区内独特的山地、河流、湖泊、冰川、草原、乡村、聚落等自然和人文要素资源，突出设计和规划景区内重要生态旅游景点，作为景区旅游中心，发挥景点优势，进而带动景区的同步发展。

三江源大环线生态旅游应以优美的景观、良好的体验、适度的距离，在国道、省道的基础上，加强各生态景区间的交通有机衔接，打造景区连线生态旅游风景道，加大风景道沿线资源环境保护力度，营造风景道沿线景观空间，并完善沿线游憩服务设施，配合建立安全救援体系，优化交通管理，将国道、省道原有的单一交通功能打造成集交通、观光、游憩、体验和保护等综合功能于一体的生态旅游风景道。

（2）打造三江源生态旅游高端定制项目。三江源生态旅游对交通工具、医疗卫生、安全保障等方面的要求都很高，而高水平的住宿、餐饮环境也会让游客的出行感受更好。三江源生态旅游高端定制项目具有如下优势：第一，定制旅游线路可以为旅客提供更好的服务和方案，为旅客带来多元化的旅游体验，包括标准越野车辆、舒适酒店、当地绿色特色餐饮、定制化景点游览、民俗文化体验、民族宗教深度感受、医疗卫生安全贴身保障、直升机游览当地山河等服务。以优质的定制服务为客户提供优质的旅行体验，从而提高旅游收入，提高游客的满意度。第二，高端定制旅游可以更好地为消费者服务，既保证了旅客的生命安全，也满足了旅客的个性化需求，成为三江源生态旅游的有效宣传方式，从而吸引更多的旅客。

（3）推动三江源生态旅游自然教育和科研合作。在三江源国家公园体系试点的基础上，建立三江源生态研学基地、生态旅游宣教中心、科普教育基地、生态文化体验教育基地，充分利用当地特有的自然环境作为教育教材，配合运用科技手段和网络平台向游客普及景区生态环境与保护知识，推动三江源生态环境的持续修复和改善，实现生态产品的价值，加深游客对环境的认知，促进游客对环境的保护意识。利用三江源生态文化资源的科学与文化价值，建立区域间的科研协作方式，可以提高三江源的社会知名度，提高三江源生态旅游的经济效益。

同时，青海省科研机构通过与三江源生态旅游机构的协作，可以更好地了解三江源的实际情况，提高青海省的科学研究水平。引进和支持三江地区科研单位到三江源进行科学研究，建立国家重点实验室、生态环境修复研究中心等科研平台，将三江地区的科研机构引入三江源国家公园研究院，在青海省政府的支持下，加大对三江源生态环境的支持力度，重点解决三江源生态环境承载能力、灾害风险、绿色发展路径等问题，为创建世界生态旅游城市做出新的贡献。

2. 打造和宣传三江源生态旅游品牌

（1）构建三江源生态旅游品牌体系。坚持保护优先、绿色发展的原则，以三江源生态旅游品牌、产品品牌和企业品牌为核心建设高水平、高标准生态旅游品牌体系。三江源区 16 个县要结合地方特点，通过政府主导和市场机制，大力培育地方特色产品、企业品牌，在统筹协调的基础上，防止文化品牌和产品同质性，打造具有影响力和市场竞争力的特色文化产品和品牌，借助品牌优势带动全产业链的发展和进步。

三江源各州的生态旅游产品类型大体相似，如自然风光、民族宗教、民俗风情等，但各自的产品优势和特色不同，因此各州县依托自身的文化产品优势开发了"一州多业""一县一品"的发展模式，利用科学技术促进生态旅游的品牌建设与发展，不断提高三江源的知名度和美誉度，吸引外地游客、满足游客各种合理的需求。

（2）加强三江源生态旅游品牌的宣传推广。整合三江源生态文化资源，避免县市"单兵作战"的宣传模式：第一，利用三江源生态旅游博览会、文化旅游节、青海湖自行车赛、三江源国家公园论坛等重大活动，展示、宣传和推广三江源生态旅游品牌；第二，要加强三江源各生态旅游区域的游客服务，在大力宣传当地自然风光、民族文化、宗教信仰、民俗特征等方面信息的同时，还应强化生态保护和游客行为规范，确保游客遵守当地有关法规；第三，通过网络、微信、微博等新媒体平台，结合电视、广播等传媒媒体，大力宣传当地自然风光、民族宗教文化、生态环保等重要信息；第四，与国内外野生动物保护协会、环保组织、国际旅行集团等组织进行了交流与合作，共同推动三江源生态旅游的国际发展。

3. 打造三江源生态旅游高品质特色文化产品

以三江源地区特有的民族文化资源为依托，挖掘、开发和利用民族文化资源，以开发、利用民族文化资源为突破口，以三江源地区的优质特色文化产品为重点，集中发展三江源地区的工艺美术、演艺娱乐、民族手工、新闻出版等。藏族文化中既有曲艺、歌舞的特点，又要充分利用当地民族文化的优势，加强地方歌舞、曲艺表演的创作，鼓励和支持当地歌手、舞蹈家、音乐家创作，以三江源文化为基础，打造具有三江源独特的艺术和艺术表演体系，并以各种特色文化产品为载体，对三江源的生态文化产品进行持续的宣传与推广。

（三）三江源生态旅游产业生态化

三江源生态旅游发展要走工业生态路线，既要防止污染、破坏三江源的生态环境，又要大力发展生态旅游，提高生态产品的附加值。

1. 推进三江源生态旅游产业节能减排

为了达到"双碳"目标，三江源生态旅游的碳中和将在三江源的生态旅游行业进行节能减排。通过节约和集约旅游产业的水资源、能源、用地等资源，降低资源消耗强度，使三江源生态旅游产业成为生态友好产业，保护生态产业。通过对景区进行科学的管理，加大对可再生资源的利用与循环利用，使其达到最佳的无害化处置效果，从而减少对当地生态环境的损害，鼓励并引进节能服务机构与旅游企业进行联合开发，以实现三江源生态文化产品的开发，在保证生态环境质量的前提下，提供可持续的生态产品。

2. 推动三江源产业融合

三江源的生态旅游产业是地方生态文化产品的主要体现，它与生态物质产品、生态调控产品有着密切的关系。发展生态旅游可以带动三江源的绿色、有机农业、畜牧业、加工业发展，发展三江源的其他行业也会对三江源的生态旅游业产生影响。在三江源地区，通过生态旅游带动自然教育、文化创意、共享牧场、生态研学、装备制造等相关产业，构建具有广泛的市场影响力和竞争力的生态产业体系，并积极推动生态旅游产业与农牧业、林业、工业、文化产业、商贸服务业、医疗卫生、金融服务等产业融合发展，在当地形成围绕生态旅游产业的新业态和新格局。

（四）小结

本章从三江源生态文化产品的类型入手，对三江源生态文化产品进行了研究，并对其目前的价值实现状况和面临的困境进行了分析，从顶层设计、基础建设、生态产业化和工业生态化四个层面探讨了三江源生态文化产品的价值实现途径，为今后的政策制定提供参考。

第五章　生态产品价值实现的障碍因素

要自觉把经济社会发展同生态文明建设统筹起来，充分发挥党的领导和我国社会主义制度能够集中力量办大事的政治优势，充分利用改革开放 40 多年来积累的坚实物质基础，加大力度推进生态文明建设、解决生态环境问题，坚决打好污染防治攻坚战，推动我国生态文明建设迈上新台阶。

第一节　生态产品供给侧障碍因素分析

一、生态产品供给侧现状分析

（一）生态产品市场供给模式

在一定程度上，政府提供的是市场和第三部门难以取代的资源。由于其特殊位置和基于立法的强制权力，其权威和可信度也是其他机构所不能比拟的，在治理和控制污染上也有着不可替代的作用。同时，其优势还在于通过对环境资源的分配，调节社会贫富之间的差异。此外，政府还可以采取计划和执行环评等措施，对新的污染源进行有效的治理，从而达到对污染物的事先管控。政府拥有的行政职权既能使排污许可得以实施，又能对环境污染的相关单位予以惩处，乃至关闭。但是，政府的直接供应有一个弊端，那就是低效。直接供应低效性的主要原因在于，大众所需的信息量十分庞大，无法以实际定价信息来指导生产，加上市场机制存在一定的弊端，导致政府在资源配置上出现各种问题。但就现阶段来说，由于政府强制性的原因，政府的直接供应仍然很难被市场取代，例如，在生态环境极其恶劣的区域，必须由国家提供，以保障生态安全、减少人们对环境产生的危害。

市场提供的生态产品具有明显的优势，能够促进生态产品信息的快速传播，实现资源的合理分配。然而，在生态产品供应方面，如果无法完全满足人的需求那么就很难形成有效的市场。因而，生态产品的市场供应范围相对狭隘，能够提供可以满足特定需求并以收益为目的的生态产品相对较少。

第三部门，也就是"通过志愿提供公益"的 NGO 或 NPO，从范围上讲独立于政府和私人部门之外，以实现公益利益为目标，具有非营利性的志愿性的特征。一般都是直接和公众联系，能够深刻地理解公众的需要，把零散的公众聚集在一起，共同发声，从而形成凝聚力。而在另一个层面上，第三部门也可以对大众产生影响，通过环境保护知识的大范围宣传，以及组织各种形式的环境保护活动，如植树、环境知识交流会、辩论会等，对民众的行为进行影响。但是，由于第三部门的特殊性，第三部门的作用受到了很大的制约。例如，在生态产品供给中，要求第三部门拥有一定的规模，具有权威性和话语权，并且拥有一个相对稳固的财政来源，这对第三部门提出了更高的要求。此外，在社区环境生态产品供应方面，一般是由志愿者提供模式自行生成，并产生引领效应。目前，在我国的环境资源供应中，志愿服务主要体现为教育宣传、公众参与、监测和评价等辅助功能。

按照本书所界定的市场化供应模式，其范围更为宽泛。在生态产品供应领域，只要有市场的参与，就会被视为一种市场化的供应模式。在治理污染损害的过程中，仍然需要由国家扮演主要角色，而市场则主要是在环境影响评价、科学标准制定、污染数据监测等技术层面扮演重要角色。在治理环境方面，政府可以制定相关的产权制度和法律制度，保证市场的正常运转，推动环保产业、生态产业的发展。但是在此领域，地方政府要制定相关的规范，依据国家整体政策明确污染物的排放数量标准。此外，在治理污染问题上，国家会制定相关的资金投资政策制度，以建设一个保护区，或者以生态造林和其他形式提供生态产品。与此同时，其实施的环境也相对复杂，这就要求完善的法规和政府的监管作为辅助手段。对于政府来说，引进了市场机制并不意味着就可以逃避供给的义务，仍然需要对政府和市场的行为进行适当的界定，从而防止存在双重委托—代理现象的产生。

（二）市场供给机制

本小节主要从决策过程、筹资过程、生产过程、运行过程这四个方面分析生态产品的市场供给机制的建立方法。

决策过程是决策主体依据调研活动收集消费者的需求信息，并以此安排生产者生产生态产品的过程。具体工作内容包括：设定生态产品生产的预期目标（数量要求、质量标准、范围状况等），参与直接生产活动的人员安排，制订对生态产品供给现状和消费者需求的调查方案。这些信息的收集与传递至关重要，因为决策主体如果依据不完全信息很可能出现判断失误，导致公共利益受损。

筹资过程主要是解决生态产品生产与供给过程中所需要的资金。目前，我国生态产品的生产资金主要来源于政府财政。这是由我国政府的职能定位，以及生态产品的公共物品属性共同决定的。然而，财政资金属于公共事务管理中的稀缺资源，各级政府资金有限。根据世界各国的实践，各国都无法负担全部的环境资源生产与供应资金，加上由于缺少市场竞争，政府对资源需求的增长也就失去了内部的激励作用，这就造成了政府对环境资源的投入成本过高。因此，需要通过政策激励、互利合作等方式激励社会资本参与环境资源生产与供应投资，开拓生态产品供给的多种资金来源渠道，实现社会生态福利最大化。

生产过程是对生态产品生产活动的具体安排，重点是选择何种生产方式。例如，水环境生态产品，要考虑如何根据不同区域特征采取适宜的治理措施，如何提高水环境容量；森林生态产品则要考虑林木该如何种植，如何维护，如何更加高效地实现防风固沙、保持生物多样性的目的；等等。

运行过程是基于生态产品的生产活动，选择生态产品的供给方式，包括组织安排、制度安排、物品与服务的消费，以及决策者、生产者、消费者三者之间信息的传递等。在生态产品的生产活动完成之后，消费者可以通过直接购买的形式获得生态产品的使用权。在生态产品的市场化供给过程中，生态产品的生产者与决策者在很大概率上是不同的，如何避免委托—代理关系中出现的各类问题，也是运行过程中需要考虑的。

（三）市场供给现状

1. 水生态产品供给实践

洁净的水源作为水生态产品供给的自然要素基础，与流域、湿地等自然生态系统联系紧密。同时由于水体的天然流动性，时常需要将流域作为整体进行统一保护和管理，以此来保证水生态产品的供给。水权交易作为我国水生态产品供给的首次尝试是在2000年，浙江东阳—义乌同一流域上下游城市间的水权交易。以鄂尔多斯、甘肃张掖、黄河宁蒙为代表的水权交易已在全国范围内成功展开。对湿地的保护作为我国水生态产品供给的另一种手段，已经从之前的"抢救性"保护阶段进入了湿地全面保护阶段，国家湿地公园、省级和地方级的湿地公园数量显著增加，湿地保护规划全面覆盖我国八大湿地地区。

2. 森林生态产品供给实践

我国森林生态产品供给实践主要以政府为主导，具体包括天然林保护与人工林种植、退耕还林还草还湖等维持与增加森林植被的措施。在森林生态产品供给的这些实践项目中，资金成为项目成功与否的关键。目前，项目的资金来源主要为政府专项资金和中央政府补助金。以天然林保护工程为例，1998年启动试点，2000年全面展开，截至2020年底，中央财政累计投入5000多亿元。其中，一期工程已经带来了森林生态环境改善、森林覆盖面积增加、林木质量提高等显著效果。退耕还林工程的资金来源是政府专项资金。除此之外，森林生态产品还可以通过包括碳汇交易在内的方式进行供给。根据中国碳排放交易网的数据，截至2021年6月30日，北京、天津、上海、湖北、重庆、广东和深圳市等7个碳排放权交易平台累计二氧化碳排放成交量达35亿吨。

3. 大气生态产品供给实践

大气生态产品供给主要包括清洁的空气和气候资源的供给两方面，其中气候资源包括光、热、降水、气象、潮汐能和生物能等资源。除农业应用外，近年来随着社会节能环保意识的增强及相关技术的成熟，风、光、热等可再生能源的应用日趋广泛。以光能利用为例，我国光能应用领域主要为采暖、光伏发电等。

二、供给侧理论基础

目前，政府直接供给生态产品是政府配置社会资源的一种方式，其效率条件应满足资源配置的要求，即帕累托最优。政府要达到这个条件，必须以政府理性的假设和帕累托最优下的福利可加总为前提。

政府理性的假设，政府必须充分了解每一个消费者的偏好，其中包括偏好产品的数量和种类。假定政府掌握的信息是完全的，就能够通过税收杠杆来调整人们的偏好，并在此基础上制定出最优的税收政策，通过税收效应来调整生态产品的生产融资。因此，实际上是要求政府必须实现信息的完全对称。

帕累托最优下的福利可加总，政府在了解个人偏好的前提下，能够合理地估算一个最优的社会福利总数，并且通过整个社会福利的最大化实现所有生态产品的最优配置，经济学上称为柏格森——萨缪尔森社会福利函数。政府在整个社会福利最大化基础上实现生态产品最优配置的前提是政府提供生态产品完全有效率，即每个消费者对生态产品的边际贡献之和等于生产生态产品的边际成本，并且政府能够按照每个消费者的意愿和偏好进行征税，使税收总和等于生态产品总体的边际收益补偿边际成本。在这样的条件下，政府可实现生态产品的个人和社会帕累托最优。

但通常情况下，这两个条件面临着许多困境。

（1）生态产品具有正外部性。生态产品作为一种环境友好型产品，毋庸置疑具有很强的正外部性。生态产品的有效供给在于供给和需求能达到稳定均衡，而正外部性的存在使生态产品的边际效益大于生态产品的边际成本，这就使生态产品的供给长期低于需求，从而使供给效率非常低下。

（2）不完全信息。以上模型的假设：政府对个人偏好的种类和信息完全对称，并能够制定完全符合实际的税收政策。但在现实中，政府很难获得消费者的真实偏好和需求信息，导致生态产品供给不足或者过剩。一方面，政府对消费者信息缺少有效的收集机制。例如，政府在对生态产品进行征税时，如果政府按照消费者个人意愿进行强制征税，那么消费者便会隐瞒个人意愿，使供给小于需求；如果政府强调征税与消费者个人意愿无关，那么消费者便会夸大自身的意愿，从而导致供给大于需求。另一方面，个人意愿的表达缺乏选择机制。政府在对生态产品进行供给时，很少公开对消费者意愿进行询问，消费者个人意愿很难完全被政府了解。这两方面信息不对称使政府在进行生态产品供给时无法确定合理的供给种类和数量。

（3）"搭便车"行为。生态产品包括山川、河流、森林等自然产品，这些产品具有很强的公共性，这就意味着公共产品的产权并不明晰。产权不明晰使公共产品和私人产品的边界模糊，也就为"搭便车"行为提供了有利条件。如果社会上绝大部分人选择"搭便车"，无论政府如何供给，那么都可能造成供给远小于需求，从而导致"公地悲剧"。

（4）自然垄断性和公共性。生态产品本身具有的自然垄断性和公共性，使政府有理由也有必要对生态产品进行多形式的规制，而不同形式的规制导致价格机制和竞争机制不能成为真实反映市场需求关系、调节市场供求均衡的有效机制，从而为政府和相应的管理部门提供了一定的寻租空间，导致供给失衡、政府失灵等现象。因此，这些困境使政府在提供生态产品时力不从心，从而导致整个社会的福利下降。

最早提出公共产品市场化提供的是美国经济学家和社会学家曼瑟尔·奥尔森，他主要研究不同的集体规模对生产公共产品的影响。美国哈罗德·德姆塞茨表明，如果不支付费用，私营公司就可以以正当和高效的方式供应公众产品。英国小说家、诗人，1983 年诺贝尔文学奖获得者威廉·戈尔丁将"平等进入"与"选择性进入"这两种途径视为对公众物品的利用。其中，平等进入指个人购买的公用产品不会被别人使用；选择性进入指在消费者符合某种限制（如付款）以后，可以进行购买。戈尔丁相信，选择性进入的产品可以通过市场来提供。可以看出，戈尔丁和德姆塞茨是从一种管理或者技术的视角提出公共物品私人提供的可能性，他们认为价格是调整供需平衡的有效机制，通过竞争机制可以有效地提供公共物品。美国政治学家、政治经济学家文森特·奥斯特罗姆夫妇提出，政府作为公共领域垄断者，提供公共产品的效率低下，要建立政府、市场和社会三种维度下的多中心治理模式。

国内很多学者认为仅凭政府一己之力，很难承担全部公共物品提供的任务，急需市场和民间的力量加入公共物品的供给。政府在公共物品供给的过程中，存在供给成本过高、供给水平不能满足消费者需要等问题。如果能够在原来的供给上引入竞争，那么就有利于提高供给和竞争的效率。国内外研究把市场供给方式作为政府供给的补充方式，提高政府供给的效率。笔者提出生态产品的市场供给可以作为主要的供给方式，而不是政府供给的补充方式，主要是基于以下三方面的原因：

一是环境产权的明晰化。公民环境权利与生俱来，是生命权利不可分割的一部分。《中华人民共和国宪法》第二十六条规定："国家保护和改善生活环境和生态环境，防治污染和其他公害。"环境权利是公民权利的一部分，并不是指某一项具体的权利，而是指与人类居住环境相关的所有权利的总和。如清洁空气权、风景权、环境美权、清洁水权等。环境产权指公民拥有、使用、占用和处理某一项具体环境资源的综合权利。所以，环境产权和环境权利有着本质的区别，环境产权是具体化的权利。生态产品作为一个权利束，是关于生态产品利用和分配的多种权利的集合，其中包括所有权、经营权、建设权、管理权、处分权和收益权等。前面将生态产品界定为纯公共物品和混合公共物品，但无论是纯公共产品，还是混合公共产品，只要产权明确就能够利用市场机制排除外部性的干扰。德姆赛茨认为，产权的宏观结构包括私有产权、国有产权和政府产权三个种类。沿着德姆赛茨的分类，生态产品产权也可分为这三类，其实质是将不同的权利赋予不同的行为主体。这使供给过程中的交易成本大大减少，从而提高供给效率。近年来，随着我国环境法律制度的出台以及十八大对生态产品定义和属性的明晰化，将为市场化供给提供相应的理论和实际基础，反过来市场化供给方式也推动了生态产品产权明晰化。

二是激励机制使社会整体福利增加。市场化的供给方式将打破政府供给的低效率，当市场供给和政府供给激励相容时，那么生态产品供需失衡的问题就解决了。但在目前情况下，如生态产品"搭便车"的行为使得政府供给趋于无效，即政府供给不能很好地满足社会需要时，需引入激励机制，以促进政府供给的有效性。市场化的私人供给在产权明晰的基础上，对不合作者进行惩罚，对合作者进行鼓励等手段，既简单又实用。当面对复杂的供给情况时，如不同集体和个人的目标相同时，引入激励机制能够保证不同群体和个人之间博弈的均衡点偏向于社会更好的方向发展。因此，引入市场的激励机制，使社会整体福利都会增加。

三是竞争使供需趋于均衡。目前生态产品的政府供给基本处于垄断地位，竞争是打破垄断最为简单、有效的方法。竞争使政府在进行生态产品供给时不再一家独大，一方面对政府进行激励，促进政府"放权让利"，使政府、市场和社区各司其职，从而减少交易成本；另一方面，竞争使生态产品的信息更加透明，从而减少生态产品信息不对称下的道德风险和逆向选择，推动供需走向均衡。

以上三方面为生态产品市场化供给提供了有效的理论基础。目前，在生态产品的政府提供缺乏效率且生态产品供需失衡的前提下，市场化运作势在必行。同时，为了克服生态产品单一化和需求多样化的矛盾，沿着奥斯特罗姆夫妇提出的多中心治理机制理论，以多样化的市场供给方式替换单一的政府供给方式。采取不同的方式提供，通过支持和促进国有、私人和社会团体及个人参与生态产品的投资和经营，从而形成多种经济成分并存且有效竞争的市场秩序。例如，对污水处理、退耕还林、生态旅游等生态产品，在政府进行统一规划和管理的同时，可以逐步打破垄断，实现政府特许经营，推动生态产品专营权制度，从而形成多元投资、适度竞争的局面。

三、生态产品供给侧阻碍因素分析

（一）生态产品固有特性限制

生态产品具有显著的公益性，导致消费时会具有一定程度的非排他性或非竞争性，这就意味着某一个消费者在购买生态产品时不能完全排除其他人对这种具有公共产品属性的产品消费，或者有些人不想承担这部分消费也无法拒绝。这样就滋生了"搭便车"现象，通过"蹭"别人购买的产品，免除自己需要购买的消费成本。可是，由于每个人都是理性经济人，都倾向于等着别人买而自己"搭便车"，从而发展到没有人购买生态产品，就会使整体陷入"囚徒困境"，同时生态环境的严重恶化也不可避免。因为"搭便车"的人在没有外界特殊的激励下，是不会在市场中进行消费的，这也就是生态产品等部分公共产品几乎不可能依靠市场作用达到最优供给水平的主要原因，尤其是对纯公共产品来说。

由于纯公共产品一般具有规模巨大、产权难以分割、公益性强等特点，政府利用其规模经济与"暴利潜能"优势统一供给，这也致使市场供给纯公共产品的可能性微乎其微。例如，收入分配等制度安排就不能由市场供给。值得注意的是，生态产品由于分类方式、供给范围的不同，其准公共产品的属性显著，而准公共产品的规模、范围、消费者数量相对比较容易确定。公共产品在消费上存在"搭便车"现象，也会随着人们对生态环境问题的重视、生态环保意识的提高而存在解决的可能。例如，在某社区中，某一成员短时间内会通过"搭便车"享受一些利益，但随着时间的推移，当社区整体福利受到影响或被其他成员发现，同时社区其他成员素质较高时，他就会面临失去社区成员的信任或者干脆被移出该社区的风险，在这种情况下，原本想通过"搭便车"获利的成员也会慎重选择。

然而，基于前文分析我们知道，随着经济的发展，生态环境资源的稀缺性使生态产品并不是纯公共物品，尤其是对于不同属性、不同种类的生态产品来说，其各自所具有的特殊性质影响着不同生态产品的供给。其特殊属性具体表现如下：第一，地区差异性。我国土地广袤，地理环境、气候环境多样，各个地方的自然资源禀赋不同，生态产品供给现状不同，因此不同地区的居民对当地生态产品的需求也不同，需要因地制宜供给生态产品，不能统一标准或一概而论。第二，生态产品的范围有限性与不可位移性。由于可再生资源具有自身特性，只在特定区域存在。因此，区位因素对自然资源利用率和自然资源可持续的管理有重要影响。生态产品也多具有不可位移性，对于干净的空气、宜人的气候很难在技术上实现由其他地区提供再运输到目标区域，即使像水源这样有形的生态产品也难以实现，即便技术上可行，成本也会很高。因此，本区域的生态产品的生产问题需要在本区域内解决。另外，我国幅员辽阔，对生态产品的供给可以有整体的宏观规划，但具体到某个区域的供给问题，仍需要区域内部结合实际情况决定供给的相关事宜。第三，效用多样性。生态产品关系国计民生的方方面面，每一种生态产品往往都具有多种效用。例如，同一片林地在用途选择上，既可以作为经济林出售木材提供原材料，也可以作为生态公益林发挥涵养水源、调节气候、防风固沙等生态作用，然而林地的经济价值和生态价值两者不可兼得，一旦将树木砍伐实现经济价值，就意味着树木停止发挥生态功能。同时，由于生态产品的正外部性和公共产品性，人们更倾向于实现生态产品的经济功能而非生态功能，企业更倾向于选择污染行为而非治理行为，造成"公地悲剧"。生态产品具有多种用途的性质及正外部性，使其生态价值有价无市，造成生态产品供给无效。

（二）经济发展水平限制

生态产品既是促进经济发展不可或缺的投入，同时生态产品的供给水平也受到经济发展水平的限制。

第一，就我国目前情况来看，实现物质财富的极大丰富是共产主义社会的一大重要特征，因此发展我国国民经济、实现人民美好生活是我国政府的重要目标。对生态产品的利用是不可避免的。首先，在技术条件不变的情况下，经济越发展对生态产品的需求也越高。姜学民和张安录在研究可再生自然资源再生增长过程时指出，当人类对可再生自然资源的利用率小于或等于资源的增长率时，这类资源的总量就可以稳定在一定的规模水平，维持原有的增长规律[1]。当经济不断发展，对自然资源等各类生态产品的利用水平也相应提高，将对自然界产出生态产品造成很大的压力。其次，经济发展产生国民财富，人们将有更多的资金用于生产生态产品。马斯洛曾在他的著作《动机与人格》中给出了需求层次理论，他将人类的需求分为五个层次，满足这五个层次的需求就是人类行动、成长与发展的内在动机。其中，生理需要是维持人类生存最基本的需要，如衣、食、住等。安全需要包括心理方面和物质方面的安

---

[1] 姜学民，张安录. 市场经济调节下生态经济理论框架构想 [J]. 生态农业研究,1993(2):27-30.

全。自我实现是人类最高级的需求，需要付出努力完成目标，对自己的工作与生活有认同感和成就感。罗道友在阐释人类自我实现这一需求的内涵时指出，人类有着对美的需要，人的积极乐观，成长发展离不开美[①]。生态产品所满足的人类审美需要，是其他任何人工产品都难以替代的。生态产品对于人类最基本的生理需要和安全需要的重要意义是不言而喻的，同时生态产品提供的教育功能、休闲旅游功能、体验感受功能对于人类的成长和发展相关的更高级的需要也是不可替代的。马斯洛的五种需求之间不是相互并列而是递进的关系，不断需要是人类行为的一个基本特质。自改革开放以来，我国实现了国民经济的快速、稳定发展，人民生活水平不断提高，生理需求和安全需求基本得到满足，因此人类的行动将受到更高层次需求的驱动，追求生态产品带来的教育、休闲、体验功能，因而关注提高生态产品的供给水平。同时，如果经济发展过程中生态产品的供给能力遭到损伤和破坏，甚至会导致生态产品对人类生理和安全需求满足的缺失，促使人类加大对恢复生态产品供给能力的投入。最后，经济发展水平间接对生态产品供给产生重大影响。一方面，新的技术发明的出现可能降低污染治理的成本，或者降低对现有资源的消耗速度，直接通过降低人类活动对生态产品的负面影响，提高治理负面影响的效率来改善生态产品质量及提高供给水平。另一方面，如前文所述，公共产品的排他性与技术水平高度相关，技术的进步可能使某些生态产品消费的排他性成为可能，进而排除"搭便车"等市场失灵现象，为市场有效供给这类生态产品提供了可能。

第二，贫困人口及穷人的生态权益成为争议的焦点。贫困问题和生态问题交织在一起的复杂问题是一种特殊的社会经济问题。从自然环境自身的条件上看，我国贫困问题的地理分布特点是贫困地区与生态脆弱区交互重叠。生态环境破坏得最严重的地区，往往也是贫困集聚的地区。大部分贫困地区生存条件恶劣，自然生态环境脆弱，自然灾害频发。同时，在贫困地区，穷人只能依靠初级生产满足自身发展的需要，这导致穷人对自然资源和生态环

---

① 罗道友. 需要—人的发展的内在动力：从马斯洛需要理论看人的发展 [D]. 湘潭：湘潭大学 ,2008.

境产生极强的依赖性。但是，这并不意味着穷人就必须为环境退化买单，承担过多的生态责任。一方面，这些地区实现脱贫的成本非常高；另一方面，这些地区发展的生态代价大。从社会环境角度看，社会经济活动超过了自然环境的承载能力，对自然环境产生巨大的副作用，致使原来不堪一击的自然环境再度恶化。如何解决贫困地区人民的发展问题，同时又实现人与自然的和谐发展，成为摆在党和政府面前的头等大事。也就是说，如何在贫困地区的资源和环境承受能力范围之内，结合生态修复和环境治理工作，打破生态保护的贫困循环，走出一条生态脱贫的道路成为当下社会经济发展的一大核心要务。破解生态困境和贫困问题的关键在于生产能力问题。自然生态条件恶劣和生态修复、脱贫和扶贫之间总是陷入拉锯战的原因在于生产技术落后，穷人只能通过最初级的资源使用方式利用资源。这些方式往往是高碳的、非循环的、无度的。大量的数据表明，我国贫困地区与生态脆弱地区主要以农业种植为主体产业。这样的产业结构与敏感的生态条件，尤其是不宜种植农业发展的生态条件相互矛盾。此外，农户的种植技术落后，进一步加剧了这些地区的水土流失、土地退化、气候异常、生物多样性减少等生态问题。因而，通过技术创新、制度支持、人才支持等工作，改良农业耕作条件，改善农业资源的配置方式，推广生态农业技术，从根源上解决贫困和生态环境之间的矛盾就显得极为重要了。仅依靠国家的补助、资金和制度的支持及人力资源解决贫困问题是不可行的，必须从生产力的根源入手，协调环境和经济发展问题。要解决贫困和生态双重困境，发展"穷人生态经济学"，不能脱离绿色生产力的提高和绿色生产方式的转变。没有生产力的发展，贫穷问题不可能得到根本解决，但是仅依靠经济的增长也不一定能解决贫穷问题。脱离发展的绿色是浪漫主义的幻想，脱离绿色的发展是增长主义的阴谋。只有绿色与发展相结合，实现生产方式的绿色转型，才能彻底破解生态和贫困的难题，彰显社会主义生产方式的优越性。

第三，物质生产中的环境破坏问题严重影响生态产品供给。环境的污染与破坏实质上是指自然界由于人类的生产、生活活动引起的巨大变化[①]，从理

---

① 刘江宜，牟德刚. 生态产品价值及实现机制研究进展 [J]. 生态经济,2020,36(10):207-212.

论上说，生产、生活实践和自然之间的矛盾被激化了。机器文明初期，技术发展解救了农耕文明时代的环境困局，解决了农耕文明时期由于生产技术落后带来的资源浪费和环境污染情况。具体来说，在机器文明初期，蒸汽泵的出现为矿山水浸问题的解决提供了方式；煤炭的出现使森林免于灭亡。正是蒸汽机和煤炭拯救了这种荒败。由此可见，每个时代的环境破坏方式都是独特的。但是机器文明本身具有双重性，机器文明在一定程度上加快了自然的"定常化"速度，尤其是农业方面，使人类摆脱饥饿的困扰，但是到 20 世纪下半叶，机器文明已经没有办法修复"集中化""定常化"所引起的环境污染和破坏。我国正处于现代化建设的关键时期，也存在着污染后治理的现象。生态稀缺性已经成为制约中国可持续发展的瓶颈。

在过去的几十年快速经济发展的过程中，为了解决温饱问题，积累物质财富，大量的自然资源、能源和生态环境遭受浪费和破坏，并制约着社会经济的进一步发展。在水资源方面，我国 2010 年水资源总量为 30906 万立方米，人均水资源占有量为 2310.4 立方米，远低于美国、俄罗斯、澳大利亚等国家。在全国 600 多个城市当中，严重缺水城市多达 110 个。此外，我国的年均降水量较小，时空分布不平衡，呈现东多西少、南多北少的区域特点。无论是农业生产、工业生产还是服务业生产，都需要大量的水资源作为支撑。总体来说，水资源的危机是民族生存与发展的危机。我们不能让眼泪变成地球上的最后一滴水。从根本上看，水资源问题形成的主要原因是我们对经济规律、自然规律和生态规律的认识不足和把握失当。仅把水资源看作服务和服从于经济建设的自然馈赠，把水资源看作"取之不尽用之不竭"的、可再生的、无限的自然资源，忽视水对生产的约束性，忽视水资源与生产的整体性和系统性，忽视水系统自身的承载能力。一味追求经济的增长，而忽视了水系统和生产系统的协同发展问题。在森林资源方面，2013 年全国森林面积 20768.7 万公顷，人均森林面积 0.15 公顷，世界人均森林面积 13.6 公顷；在耕地资源方面，全国耕地面积 12172 万公顷，人均耕地面积 1.37 亩，世界人均耕地面积 4.8 亩。① 由此可见，虽然我国拥有丰富的森林资源和耕地资源，

---

① 数据来源于国家统计局官网。

但是人均水平远远低于世界平均水平。

在新能源方面，我国风能资源分布不均衡。陆上风能资源主要集中在东北三省、内蒙古、华北北部、甘肃西部、新疆北部、云贵高原地区，其中内蒙古、新疆和甘肃是我国风能资源最丰富的省份，技术可开发量分别可达14.6亿千瓦、4.4亿千瓦、2.4亿千瓦。海上风能资源主要分布在东南沿海地区，其中台湾海峡的风能资源最丰富。山东、江苏、浙江和福建沿海地区也拥有丰富的风能资源。总的来说，中部的风能资源比较欠缺，沿海和内陆的高山、高原地区风能比较丰富。总体而言，我国太阳能比较丰富，地区间存在一定差异，表现为高原地区大于平原地区、西部地区大于东部地区。其中，青藏高原的太阳能最丰富，年总辐射超过1800千瓦时/平方米。盆地地区太阳能资源相对匮乏。在太阳能发电方面，我国的荒漠光伏发电潜力大，因为我国的沙漠总面积有130.8万平方千米，有足够开阔的地面资源支撑太阳能发电需求。屋顶和墙面资源丰富，截至2011年，我国建筑总面积为494.1亿平方米，城市和农村都有大量可用于安装光伏系统的屋面和南墙。2020年中国城镇建筑总面积约为500亿平方米，其中住宅面积300亿平方米。生物质能包括农作物秸秆、农产品加工剩余物、木材加工剩余物、畜禽养殖剩余物、林业剩余物、工业有机废物和废水、生活垃圾和生活污水等。[1]

在生物质能利用方面，农作物秸秆的用途没有发生根本性改变，可能源化利用程度低；林业剩余物收集基础薄弱；生活和工业的废弃物与污水将持续增加。我国的生物质能的利用仍然存在很多问题。目前，我国对生物质能的利用途径主要有生物质能直燃发电、生物质成型燃料、生物液体燃料。生物质能发电项目分布不均，地区差异大，生物质成型燃料尚未纳入清洁能源范围，生物液体燃料技术缺乏核心竞争力。我国生物质能产业规模在持续稳步增长，其利用空间非常大。以生活垃圾为例，2014年，我国生活垃圾的清运量约为1.8亿吨，将其中的50%已焚烧发电，可替代约1200万吨标准煤[2]。地热能是从地壳中抽取出来的天然热能，是以热力形式存在的能量。我

---

① 数据来源于国家统计局官网。
② 资料来源于：国家统计局《中国城市建设统计年鉴》（2018）。

国的地热能开发仍然存在一系列问题。虽然我国地热能潜力巨大，但是以中低温为主，主要分布在盆地地区；高温地热资源仅局限于西藏、云南和台湾北部。地热能主要运用于发电、供热和地源热泵方面。在开发技术方面，我国的地热能开发和应用技术与世界先进水平存在一定差距。总的说来，我国新资源能源开发和使用仍然存在一系列的问题和瓶颈，其中包括技术能力相对薄弱、产业发展不均衡、政策机制不完善等。人口、资源和环境本身带来的物质限制和生态失衡都严重制约着我国生态产品供给侧的发展，阻碍了经济和资源环境的协调发展。我们必须直面我国生态产品供给侧的阻碍因素，思考发展过程中付出的环境代价，走出一条生产方式绿色化的现代化之路。

（三）制度配套影响

在全球经济增长速度逐渐放缓的背景下，生态环境破坏、全球气候变化等全球人类共同面临的发展问题引发了人们更多的关注。探索绿色经济增长方式，实现可持续发展成为各国社会经济发展的共同理念和追求。中国社会经济经历了四十多年的高速增长，现在已进入了注重生态环境保护的可持续发展阶段，政府发布了一系列相关文件阐述了节约资源、保护环境及可持续发展等重要理念之间的关系。《全国主体功能区规划》首次提出生态产品概念，随着中国经济的高速发展和人民生活水平的日益提高，作为支撑现代人类生存和发展的重要产品之一的生态产品，在促进我国经济可持续发展及满足人民对美好生活的需要方面发挥着越来越重要的作用。下文将以水生态产品、森林生态产品、大气生态产品供给机制与制度建设为例揭示制度配套对生态产品供给侧的影响。

1. 生态产品供给机制与制度现状

（1）水生态产品的供给机制与现状。水资源的产权界定对生态产品外部性的内部化实现具有重要意义，而水资源产权界定的关键是水资源的所有权界定，《中华人民共和国宪法》《中华人民共和国环境保护法》《中华人民共和国水法》规定水资源为国家所有，且水资源的所有权和使用权分离。水资源的所有权界定为水生态产品的市场化供给奠定了基础。关于水权初始分配方面,《中华人民共和国水法》明确了以取水许可证制度作为水权的初始分配制度,《取水许可和水资源费征收管理条例》为水权交易提供了法律依据。《关于水权转让的若干意见》等文件,从系统建设和具体实施的角度为我国水生态产品市场化供给奠定了基础。关于水生态产品供给的财政资金来源方面,《中华人民共和国水污染防治法》规定水生态补偿方式主要为财政转移支付,《中华人民共和国水土保持法》也对预防和治理水土流失的资金来源进行了相关规定。可以看出,虽然涉及水生态产品相关法律法规较多,但大多数分散在不同的基本法律中,尚未形成较全面的系统法律法规体系。

(2)森林生态产品供给制度现状。我国森林生态产品的供给途径以生态补偿为主,自 20 世纪 90 年代开始国家陆续出台了一系列法律法规对森林生态补偿进行规定。《中华人民共和国森林法》对森林生态效益补偿基金的设立、用途和管理,以及森林建设和养护资金的提取等进行了规定。《中华人民共和国森林法实施条例》对经营者有权获取森林生态补偿进行了确认。《退耕还林条例》的一系列规定保障了森林生态产品供给者的利益。《中央财政森林生态效益补偿基金管理办法》制定了各级政府直接供给森林生态产品的支付标准。然而,政府制定的生态补偿经济标准未对森林生态产品供给产生显著激励作用。

(3)大气生态产品的供给制度现状。国家层面很早就对气候变化及气候资源的开发和保护给予了关注。2009 年,全国人大常委会提出要将积极应对气候变化作为可持续发展战略的重要部分纳入国家社会经济长期发展规划。《中华人民共和国国民经济和社会发展第十四个五年规划和 2035 年远景目标纲要》也将积极应对全球气候变化作为一项重要内容,对实现全流域气候区及主要气候变量观测全覆盖制定了详细的工作方案。在气候资源的开发和保护方面,《中华人民共和国气象法》首先用法律条款对气候资源开发和保护进行了明确规定,要求气象单位与基层政府协同进行气候资源开发和保护。此项专项立法为我国气候资源开发和保护提供了法律支持。《中华人民共和国环境保护法》正式把气候资源作为一项自然资源纳入环境保护范围。《中华人民共和国可再生能源法》把风能、太阳能等可再生能源的开发列入国家发展规划。除国家层面的法律法规外，各地方也积极出台有关法律、法规、条例支持大气生态产品供给。自 2011 年起，广西、黑龙江、贵州、江苏、吉林、重庆、河南等省级行政区、直辖市纷纷出台了一系列地方性的气候资源开发和保护相关的法律法规。

（4）其余生态产品市场化供给机制与制度现状。将市场机制引入生态产品供给离不开各项政策支持和制度保障。近年来，国家在 PPP、政府采购等方面出台一系列政策性文件，为这两项机制引入生态产品的供给提供了良好的政策环境。

2. 生态产品供给机制与制度存在的问题

虽然政府配套制度在不断完善，但从上文梳理不难看出，政府文件对生态产品供给多停留在技术层面的指导上，在制度等更深层面上缺乏相应的措施，导致无法从根本上解决生态产品有效供给不足的问题。当前区域与流域生态产品供给面临着区域公共治理的"囚徒困境"和现有行政体制的分割问题。这一方面是机制缺失和设计缺陷，另一方面则受行政体系的限制。具体分析如下。

（1）地区间合作机制的缺失与市场化机制设计上的不足。由于生态产品具有正外部性和整体不可分割性等特点，供给通常涉及区域或流域内的多个行政区域，因此地方政府间的合作协同在区域与流域生态产品的供给中起到关键作用。地区间合作不仅需要国家和政府之间的各种政策支持，更重要的是要有相关法律的保障。有完备的法律依据才能降低合作中的交易成本，形成有约束力的合作机制。然而，目前难以在区域或流域内建立统一的生态产品供给制度体系，尤其是整个区域与流域内生态产品供给的资金来源问题常常难以得到解决，其中有因财政分权制度造成的地方政府财政资金短缺，也有区域与流域内不同地方政府之间利益难以协调的问题。由于这些因素造成了整个区域的经济行为难以统一和规范，则区域与流域生态产品的供给主体及其权责也难以确定，并导致了区域与流域生态产品的地区间合作机制的缺失。另外，由于实践中生态产品价值的准确衡量在技术上仍有一定的障碍，无法对生态产品确定合适的价格，导致生态产品市场化存在困难。这种情况下，生态产品供给者难以通过市场交易得到足够的收益，影响了生态产品供给者参与市场交易的积极性。

综上所述，导致上述问题出现的原因主要有：一是生态产品的产权制度不明确。相关制度对区域与流域生态产品供给主体没有明确规定，再加上区域与流域生态产品的正外部性特点，导致区域与流域生态产品无法由私人部门进行有效供给。二是对生态产品供给者的财政补贴激励不足。随着社会发展、人民生活水平的不断提高，除了对农产品、工业产品和服务产品等的需求外，人们对生态产品的需求也在快速增长。然而生态产品作为一种典型的公共物品，具有显著的正外部性，如果不能通过一定的制度安排给予生态产品供给者足够的经济补贴，就会导致生态产品供给数量达不到社会最优供给量。如前所述，在我国当前的财政分权体制下，地方政府收入相对减少、收不抵支现象比较常见，导致区域与流域内各地方政府在生态产品的供给支出方面，过度依赖中央的转移支付。除了政府对生态产品供给者的财政补贴之外，又缺乏其他的财政补贴激励制度和手段，因此区域与流域内生态产品供给常常难以达到社会最优供给量。三是生态产品配套法律法规不健全。2010年，《全国主体区规划》就已经明确了"生态产品"的定义，之后中国共产党的第十八次全国代表大会和第十九次全国代表大会等重要会议也反复强调了生态产品对社会生产、人民生活等方面的重要性。然而截至目前，仍然没有关于生态产品的基础性法律法规的出台，虽然部分法律法规修订后增加了有关生态补偿的内容，但这些法律法规相对零散而缺乏系统性，对生态产品供给的作用效果不明显。

（2）财政分权限制与地方政府竞争。随着我国财政分权制度的实施和深入实行，地方政府在财政收支上的独立自主性加强，更多地追求地方利益的实现。财政分权体制下，以经济增长为目标的官员晋升考核制度及官员有限的任期和事后追责制度的缺失，造成地方政府片面追求短期经济增长，甚至为了吸引更多有利于经济增长的项目，不惜降低环境标准和投资进入门槛。在当前的地方政府竞争背景下，生态产品的正外部性长期得不到补偿，地方政府缺乏生态产品供给的动力。因此，财政分权与地方政府竞争在一定程度上造成了生态产品供给不足的情况。

一是财政分权体制的影响。从改革开放至今，国家对现行的高度集权的财政制度进行了全面改革，并于1994年推行了分税制。分税制是将中央政府和地方的事务权力分割开来，并给予地方相应的财政权力。同时，我国的财政收入主要来自税收，实行分税制，就是将中央政府和地方的权力分割清楚，并给予相应的财产权，从而实现对国家的税种分配。但是在实际操作中，对生态产品的供应造成了一些负面的效应。第一，对生态产品的权利界定不清晰。生态产品，如洁净的大气等地区或分水型的公共生态产品往往要求跨行政地区间的协作，然而，由于环境保护的责任和义务不清晰，各地区的政府也面临着利益冲突，没有激励合作共同提供生态产品。在本行政区划范围之内，应该承担供应义务的政府有义务将其归罪到基层，从而导致生态资源供应的责任层层递减，有时还会导致社区成员承担。第二，我国的财政收入规模较小、总量较少，而且不太平稳。在我国实行中央税种、地方共享税和地方税种的同时，还设置了中央税种、中央地方共享税和地方税种，并设置了地税局来负责地方税种。我国的地方税类型很多，但是一般都很困难，而在我国的赋税中，商业税占据了很大的比重。但是，从2012年起，实施了营业税改征增值税的试点，到2013年，营业税的征收规模逐渐缩小；于于2016年5月1日，完全实行由营业税改增值税。由于缺乏财政收入来源渠道，当地财政难以负担起环境保护的重任。兰竹青（2013）认为，目前我国税收的主要类型是国家的税收制度[1]。通过对销售税收的分析，笔者认为，目前的税收中，销售税收是国家税收的重要组成部分，而随着营业税改增值税的实施，各地税收的选择也越来越困难。地方财政既要承担起直接生态产品供应的职责，又要接受上级的调节和调度，又得不到足够的财政支持，导致当地政府没有能力提供生态产品。第三，我国的财政和财政权力存在不平衡。从以上的研究结果可以看出，在环境资源的供应上，上级的供给责任转移到了基层，而财政权力又上移，提高了税收。一方面，由于各级政府的政策和发布的行政命令，当地的环境保护部门必须担负起一定的供给义务；另一方面，

---

[1] 兰竹青.我国中央与地方政府税收划分问题研究[D].太原：山西财经大学,2013.

由于缺乏稳定的财政收益，环境资源的供应效率低下。

根据我国财政分权体制鲜明的中国特色，财政分权体制对生态产品供给影响的传导路径需要基于央地关系视角展开。首先是中央政府对地方官员的考核晋升以国内生产总值（gross domestic product，GDP）为导向。中央政府基于实现国民经济持续稳定增长的目标，对地方政府提出了经济发展目标的要求。所以在激励各地发展的同时，建立以 GDP 为基础的地方政府公务员考评和提拔制度。地方政府的一项重大行动动机是晋升。在开展环境资源供应的过程中，地方政府所做的有关决定与抉择，常常不以民众需求为基础，而以提升自身业绩为基础，以满足上级需求为基础。上级政府往往通过观察到的业绩来衡量和评估一个人的政治未来。中央政府对地方政府关于生态产品提供等方面没有明确的绩效考核要求，由于信息不对称及社会公共服务难以量化，地方政府只是尽力发展经济激励，而对生态产品等社会公共服务的需求缺乏重视。林江等（2022）研究了当地政府的教育供应方式后，认为在 GDP 作为评价标准的提升机制下，当地的政府更加热衷于推动 GDP 的发展，并创造了更多的业绩；而那些在短期或者在整个政府的经济增长中起不到太大作用的政府开支，其中也包含义务教育，则增长较慢。原因在于：教育投入无法在短时间里反映作用，无法直接反映当地 GDP 的增长，甚至导致 GDP 下降，而一些基建项目则可以有效拉动 GDP 的增长。在这方面，生态产品类似于强制性的教育。因为像森林这样的生态产品行业，往往需要大量的投入和长期投入才可获得收益。其具有高的自然风险特征，无法带来长期稳定的经济效益，地方官员在有限的任期内没有进行生态产品供给的动力。供应生态产品不仅不能推动经济发展，还更强调保证人类居住的健康、融洽、可持续的发展，保证子孙后代的生产、生活，强调世代平等；不但无法促进短期发展，而且需要减缓经济发展，降低环境污染和资源消耗，以确保可长期的发展。此外，由于缺乏事后问责机制，当地政府为了发展，甚至不惜以牺牲环境为代价。地方政府通常会将产业政策和产业结构向最有利于经济增长的方向调整。由于缺乏对环境资源的需求，导致地方政府在面对诸多选项时，往往倾向于使用具有更好的短期效益的环境保护措施，而忽略了降低

GDP 增速的环境保护措施。部分地区的政府对公共物品的供应积极性低于本地人的实际需求，导致对生态产品的供应短缺。供给和需求的不平衡导致了巨大的公共资源流失。

二是地方政府收入相对减少，收不抵支现象常见。现阶段的财政分权体制下，地方政府的主要收入途径，如土地出让金及税收等收入减少，而基础设施建设及公共产品供给等财政支出不变，甚至增加。收支不匹配严重，导致地方政府在基本的民生支出后再进行生态产品的供给支出面临很大的资金压力。地方政府在包括生态产品在内的社会公共产品和服务的供给支出上，很大程度要依赖中央政府的转移支付。而地方政府在财政支出选择上自由裁量权较大，利益倾向明显。地方政府对生态产品供给等社会公共服务方面的财政支出安排和资源配置具有很大的自由裁量权。在这种情况下，地方政府会为了政绩而在能直接产生经济效益方面投入更多，对于生态产品供给这种不能体现在地方经济增长上的财政支出则没有投入的动力。财政分权体制下，地方政府的财政收入来源减少，叠加财政支出压力越来越大，再加上以经济增长为主要目标的政治晋升机制，地方政府对有限的资源展开激烈竞争，加大对外商直接投资，以及能够大幅促进经济增长企业的优惠和吸引力度，为此甚至不惜降低环境准入标准。对于地方政府间合作供给生态产品，考虑到地方政府行为监督上的不完善，有效的监督体系应该既包含中央政府对地方政府行为自上而下的监管，又包括广大民众对地方政府自下而上的监督。然而现实情况却是，当地民众无法对地方政府的这种行为进行监督。

通过理论分析加实证研究，本小节进一步探究了财政分权具体是如何影响各地方政府行为的。具体来说，主要有以 GDP 增长为主的晋升考核加上财政收支变化两条影响路径。随着财政分权的逐步推进，各地方政府财政收入来源减少，又面临 GDP 增长的压力，在入不敷出的情况下优先选择能够直接带来 GDP 增长的财政支出项目，为了提高产值对外资开展竞争，甚至不惜增加当地的污染物排放，同时入不敷出的财政状况倒逼地方政府减少污染治理、生态保护等环境方面的财政支出。

生态产品涉及国家和人民的方方面面，但是由于其具有社会公共品及其他特殊性质，生态产品在实际生产中的供应不能得到很好满足，所以学术界一直没有放弃对它的研究。在我国政府逐步转变为服务型政府的过程中，人们认识到政府并非万能的，而生态产业提供主体多样化的发展态势也日益凸显，提供方式的创新也不断涌现。在认识到信息不完全、信息不对称时，机制设计理论对制度安排是否具有吸引力、信息传递是否具有效力等因素进行了研究。从机制设计的角度分析不同供给方式，有助于分析供给效率，提高供给水平，因地制宜解决问题。

（四）供应链整体效率

生态产品是指由生态系统提供给人类社会使用和消费的产品和服务。目前，生态产品的短缺已经成为制约中国经济社会发展的主要瓶颈之一。自2012年中国政府提出提升生态产品的生产能力以来，对生态产品供应链效率的研究也逐渐增多。本小节梳理了如下相关影响因素。

1. 区域供给发展不平衡

随着新时期经济的发展，人们对如何推动生态领域的多渠道、多领域发展进行了大量研究。近年来，生态产品作为一个新的研究方向，引起了社会广泛关注。以长三角地区的生态产品为例，其供给效率出现了不平衡的发展，其中上海、南通、嘉兴、宁波、舟山等地发展最快。这与它们地处长三角核心区密切相关，因为这些城市可以凭借上海等国际城市的强大经济影响力，加快生态产品供给的发展。而连云港、盐城、台州和温州虽然处于长三角地区的规划范围内，但由于距离经济核心圈较远，获得的带动作用不大。因此，地方政府在制定政策和开展生态产品领域的合作时，有必要主动向经济核心圈靠拢，以获得更有力的支持和刺激，从而获得一体化发展带来的更多便利和好处。

2. 不合理的供应结构

近年来，生态产品供应不断发展，但各城市的供应结构存在一些不合理之处。以长三角地区的生态产品为例，盐城和温州有可能面临供应脱轨、结构失衡等问题。政府是生态产品供给的最大投资者，因此投资方式和方向至关重要。政府投资大多针对基础项目等重点领域，但更应重视科技、文化和服务等方面，应依靠科学研究，引进先进的生产理念和技术，解决目前供应过程中技术支持和科学研究不足的问题，应利用内在的软实力来推动供给结构向更合理的方向发展。

3. 供给方式监管不力

从长三角9个城市生态产品供给与发展的现状来看，很多地区的供给模式已经落后。随着经济的高质量发展，生态产品领域构建高质量的发展模式是不可或缺的。虽然各地区城市结合自身区位优势，及时对模式进行了规范，但监管不及时、不到位的问题依然存在。如今，规模化发展在提高生态产品的供给效率中占有举足轻重的地位。供应规模的不断扩大，可以带动规模效益的提高，促使人们投入更多的精力，加强对供应的支持。

4. 环境问题仍有待进一步改善

随着生态产品开发的全面推进，人类在开发过程中的生产行为造成的环境污染也在加剧。环境问题的出现给整个生态产品的供应过程带来了更多的不确定因素，加剧了环境风险爆发的可能性。例如，废水的排放使海水质量恶化，给海洋领域的正常生产和生活带来了压力和挑战。近年来，地方政府高度重视环境保护工作，加大了对环境保护的投入，但越来越多的生产行为和方式的加入，使长三角沿岸地区承担了更多的污染风险。水产养殖领域的水质不同程度地超标，降低了供给效率，给环境带来一系列压力。各个城市的环境状况不同。除了减少相关影响因素的破坏外，如何进一步激发促进作用也是持续发展的关键。

5. 市场引导不足，政策法规不健全

目前，生态产品的供给投入方式大多是在政府的指导下形成的，缺乏市场引导。在海洋生态产品的供给过程中社会参与不足，社会力量和民间资本的缺失使其无法形成共治共享的局面。此外，部分地区缺乏政策导向，导致供应过程中出现方向性偏差。此外，尽管有丰富的政策和法规，但其中只有一小部分与生态产品的供应有关，可能是这一领域发展仍

处于初始阶段。不健全的政策法规导致供应产品在供应过程中的质量标准、责任制度、管理责任等不明确,无法进行统一的质量评估和标准认定。同时,在供应过程中缺乏对安全的考虑,监管上的空白导致了一系列的问题。

随着我国社会主义市场经济制度的完善,不同的供给主体由于面对的目标需求者不一样,因此供给的侧重点、对生态产品种类的选择也有区别,也会在生态产品供给时更注重宏观安排,从整体考虑相关制度安排、统筹制定政策,注重广大人民的生态利益与生态权益。市场由于具有一定的灵活性,能够最大限度地提高单靠政府供给生态产品的效率,然而私营部门所代表的社会资本的本质属性还是逐利,如何避免因为追求经济利益而造成新的损害公共生态福利的行为是市场供给机制需要着重考虑的。非营利的公益组织虽然在供给目标同政府供给生态产品的目标相近,都具有很大程度的公益性,也更关注弱势群体来补充政府间因为博弈忽略或难以触及的区域。但是由于不同公益组织的设立背景不同,供给机制或者所倡导的行为具有一定的局限性。例如,世界最大的非政府环保组织世界自然基金会(World Wide Fund for Nature or World Wildlife Fund, WWF)所推行的最有名的活动之一——"地球一小时",就被很多地区的学者或者专家诟病,因为"电"一旦被"生产"出来进入供电网之后,如果不合理使用并不能回收,其实是被浪费了,这样大规模区域性的突然断电,也很容易对生产运转产生影响,"作秀"效果远大于实际意义。

党的七届三中全会后,我国初步形成了计划经济体制,公共产品供给领域由国家统一安排,政府或者集体经济单位是公共产品的唯一供给者。1992年后,我国进入了建设社会主义市场经济的改革开放新时期,充分利用市场机制发展国民经济。党的第十七大上提出了建设服务型政府的理念,强调政府不再是继续大包大揽的"全能政府"模式,因此公共产品的供给主体也逐渐向多元化发展。政府、市场与非营利组织三者各有优劣,供给主体本身的特点对生态产品的供给水平有着重要的影响。政府作为生态产品的供给主体,在实现社会公平、协调各方关系、供给制度安排、制定统筹政策、监管供给质量等方面有着其他供给主体不可比拟的优势，但政府行动能力相对较低，行动迟缓，缺乏效率。企业作为供给主体，由于追求企业利益最大化，其行动能力强，判断能力、运营能力强，但缺点在于只注重效率而不考虑公平性。非营利组织等第三部门出于公益或慈善的目的，能在生态环境保护方面发挥作用，但仍需要加以规范。

第二节　生态产品需求侧障碍因素分析

需求是经济学的基本概念，是指消费者在一定价格条件下，有意愿且有能力购买商品的数量。对于私人物品的需求，消费者可以通过他们的购买行为表达出来，即使用货币投票。但是公共物品的需求信息与私人物品有很大的不同。早在 1954 年，萨缪尔森就在他的著名文章《公共支出的纯理论》中给出了公共物品的定义，并可推断出公共物品的非排他性和非竞争性。1965年，曼瑟·奥尔森在《集体行动的逻辑：公共物品与集团理论》中提出了"搭便车"理论。正是由于公共物品的非排他性和非竞争性，追求自身利益最大化的经济理性人倾向于不付出代价来享受他人行为产生的外部性或由他人付费来消除负外部性。因此，人人都倾向于不承担成本，不用货币投票公共产品，造成公共产品无法通过私人产品的货币投票的方式来揭示需求，公共物品的供给无法满足需求，造成市场失灵。而市场上生态产品的消费者作为经济社会中十分重要的参与人，他们的需求是对实现更好的资源配置结果不可忽略的经济信息。因此，需要对生态产品的需求者状况进行分析。

一、生态产品需求侧特征概述

（一）生态产品需要的渗透性

生态需求具有渗透特性。从生态需求的特性来看，生态产品具有满足物质需求的特性，主要体现在人类占有的环境中。生态需求是人们最根本、最紧迫的需求。例如，空气、阳光、水等物质需求，是人们赖以生存的根本需求。由于生态需求也是维持人们的心理健康所必需的，因此生态需求也是一种精神需求。例如，良好的自然环境可以给人带来愉快的情绪，这就是更高层次的需求，也就是精神上的需求。所以，生态需求的物质需求与物质需求有一定程度的重叠，而生态需求的心理需求与心理需求又有一定程度的重叠，而生态需求的满足必然贯穿于物质需求和心理需求之中。

1. 生态需求的物质需要属性

生态需求的物质性特征是人在对自然世界进行改造时所需的生态物质需求。人类在对自然界的改造中，其主要体现为物质的生产与心理的创造。马克思、恩格斯在《德意志意识形态》中认为：思想、观念和意识的生产最初是直接与人们的物质活动、物质交往及现实生活的语言交织在一起的。人们的想象、思维和精神交往在这里还是人们物质行动的直接产物。马克思、恩格斯在此论述了人类在改造自然界的过程中既要实现物质的创造，也要实现心灵的创造。总的来说，满足人类的物质需求，大部分来自物质。人类的物质需求和物质生产都不能脱离"白色世界"，这就表明了它的"生态需求"是一种物质需求的必要条件。人类对水、空气、阳光等有形的生态资源需求，反映了对环境的需求。人类的身体只能依靠这种天然的产物生存，无论这种产物是以食物、燃料、衣着或房屋的形态而存在。马克思在此论述了人类在生产和生存过程中所依靠的环境资源，反映了其所具有的生态需求特征。因此，生态需求具备了满足物质的需求特性，这是由于人类无法离开大自然而在其自身的生产中得到满足。

2. 生态需求的精神需要属性

生态需求的精神需要属性是指生态需求的本质特征，也就是人们在大自然中进行心灵的生产以实现心理需求。物质的生产是精神生产的先决条件和依据。人类的心理需求只能通过物质的生产来实现，这就导致在一定的物质生产条件下，人类的心理需求会得到一定的约束，从而导致他们的心理需求只能得到一定的满足。在物质需求被充分满足的时候，人类就会寻求更高的心理需求。人类的心理需求取决于心理的生产，而心灵的产品也不能脱离大自然。在大自然的本质上，作为人的灵性的非物质世界，是一种必需的性质。马克思在《1844年经济学哲学手稿》中写道："人在肉体上必须靠这些自然年产品才能生活，不管这些产品是以食物、燃料、衣着的形式还是住房等的形式表现出来。"正是有了这种需要意识，才能推动人产生需要动机，形成需要活动，进而使自然界变成"人的无机的身体"。因此，就必须在人与自然、人与人之间进行本质性的交换。马克思在此提出了生态环境中的各个元素是构成人类需要世界的重要基础，这反映了人类的生态需求。生态需求的精神需要是人类通过精神产品来实现的，它是建立在物质的基础上的，两者与大自然密不可分。

（二）生态产品需要的层次性

马克思、恩格斯将人的需要放在人类历史的全局，将人的需要与现实生活相联系，将人的需要分为不同的层面，即生存需求、享受需求和发展需求。在人的需求系统中，生态需要既是最根本的需求，也是最重要的需求。而生态需求既是满足人的生存需求，也是满足发展的需求，是人的根本需求与高等需求的结合。生态需求的最终目的是通过消耗生态产品来达到的。生态产品指为适应人类的生态需求而生产的产物，是由大自然和人力创造出来的。其中，阳光、空气和淡水是由大自然直接供给的，以达到人类的生态需求。生态产品也指在自然动力的推动下，人们通过生产活动将其转化为自然产物，以达到人们的生态需求。生态产品可以分成两种：一种是由大自然供给的天然产物，也就是"纯粹的自然物"；另一种是由人的劳动在自然界中创造出来的"生态产品"，即人为的自然品。生态需求的实现取决于生产、分配、交换和消费四个环节，这四个环节相互联系，相互制约，生产决定分配、交换和消费。通过马克思关于社会再生产四个环节的论述，把生态学的理念贯穿到四个环节之中，是实现生态需求的根本途径。因此，实现生态需求的途径主要包括生态产品的生产、生态资源的合理配置、生态资源的交易与使用。为了达到这一目标，我们应该在生产方式、分配方式、交换方式和消耗方式上进行变革，也就是采用清洁生产、生态公平、交换和生态消耗的新模式。

二、生态产品需求侧理论基础

如何促进人们的积极态度向实际的行为转变是现阶段我国急需解决的现实问题。国外对生态消费行为的研究起源于 20 世纪 70 年代，学者们对生态消费行为的研究主要集中在生态消费态度到生态消费行为的主流研究范式上，旨在探讨哪些因素能够影响人们的生态态度，进而影响生态消费行为。然而，在生态消费领域，人们的态度与行为存在较大的差距。态度到行为的主流研究范式对生态消费的客观实际情况缺乏解释力度，不能很好地指导实践。因此，理论与现实要求我们拓宽对生态消费的研究视角与思路。

笔者认为，消费者态度与行为存在差距的原因在于进行生态消费行为时个体往往面临着最大化个人利益与最大化集体利益的两难抉择。环境是一种公共资源，也可以看作公共物品。个体的不良行为对环境造成的后果需要全社会成员共同承担；个体为环境美好付诸努力所带来的收益，也被全体成员共同分享。环境消费问题与 Dawes 所说的"四大困境"相吻合：①从短期来看，无论别人怎么做，个体都能从自己的私人选择（而不是协作）中获益最大；②与协作的选项相比，自我抉择往往会伤害到团体中的其他成员；③从长远来看，当全体团队成员都不愿意配合时，对个体的伤害大于个体收入；④若全体团队成员均愿意配合，则各团体的利益均可提高。生态消费的社会两难性质决定了进行与不进行生态消费行为，不仅受到个体知识、态度的影响，同时也是个体与群体博弈后的结果。因此，本书从社会两难视角出发，将生态消费行为等同于在大规模两难情境下选择合作的问题，从个人感知群体影响的视角探讨社会规范对生态消费意愿的影响机制。

社会规范可以指社会成员可接受或不可接受的行为的文化价值标准。社会规范个体化时，通常被称为主观的规范或感知的社会规范。Cialdini 等学者将感知到的社会规范分为反映大多数人赞同或者不赞同的强制性规范（在计划行为理论中多称为主观规范），以及大多数人实际是如何做的描述性规范。近年来，在社会两难情境下，社会规范的作用日益受到学者们的重视。研究表明，社会规范能够有效促进在两难情境中的合作行为。

在生态消费领域，系统性地对社会规范与生态消费行为关系的研究还比较少。现有研究并没有解释规范与行为之间潜在的认知机制，即规范是通过何种途径在何种情况下影响生态消费行为的。因此本书探讨社会规范，包括描述性规范与强制性规范是通过何种机制来影响生态消费行为的，从社会对消费者购买行为驱动力、消费有效性感知和公平性感知三个角度来分析生态产品需求侧影响因素，探讨消费者进行生态消费行为的内在机理。

三、生态产品需求侧阻碍因素分析

（一）购买行为驱动力不强

气候变暖、资源枯竭和环境污染是进入 21 世纪以来世界面临的严峻挑战。同时，环境污染问题也日益严重地影响着我国人民的身心健康和可持续发展。传统能源消耗方式是导致我国生态安全问题的一个重要因素。从非持续的消耗模式向健康、可持续的绿色消费模式转型是解决环境问题的重要途径之一。生态消费是一种基于人与自然、社会的协调发展而形成的高层次的合理消费，是以自然生态的进化为界限，以满足人们对生态的需求，并对环境有益。自觉调控、适度规模的消费方式也有利于消费者的身心健康。

实践中，消费者的生态消费行为可以包括购买生态产品、愿意为生态产品支付溢价等生态购买行为，包括参与环保活动、废弃物回收、节约生态资源等非购买行为。生态产品具有公益性，其消费准入也存在一定的门槛。Goldin（1979）认为，公共产品的消费准入门槛分为平等性准入（equal access）与选择性准入（selective access）。对于纯公共产品而言，一般都是平等性准入，如国防、司法等可由任何人消费。准公共产品则是一种选择性准入，在一定的经济行为之后，才可以对该准公共产品进行消费。在生态环境资源日益稀缺的当下，环境容量的生产性使用就是一种选择性准入，生态产品的消费者（也是物质产品的生产者）有偿购买环境容量使用权，才能进行物质产品的生产活动。促使人们由不可持续的消费行为向可持续的生态消费行为转变并非易事。目前，我国居民虽然对环境保护的重要性、责任感与紧迫感有着较高的认识，但是生态消费行为的实际参与度较低。

（二）消费有效性感知较弱

消费者有效性感知的概念，最早由 Kinnear 等（1974）在对关注生态的消费者的研究中提出，他们将消费者有效性感知定义为个人认为一个消费者可以有效地减轻污染的程度[①]。他们发现当消费者感觉到他们在减少环境污染中起到的作用越来越大时，他们对环境问题的关注越多。在随后的研究中，学者们将消费者有效性感知的概念与其他的概念，如消费改变感知、环境忧虑和责任结合在一起，消费者有效性感知也渐渐失去了原来的含义。例如，Allen（1982）认为，消费者有效性感知是从感知个人行为能否帮助解决某一问题发展而来的自我概念类的变量。"我是一个采取行动改变环境的人"代表了消费者有效性感知的核心和自我感知过程的输出，因此，Allen（1982）在 Kinnear 提出的消费者有效性感知的概念的基础上，加入了衡量消费者对消费中改变的自我觉察（perceived change inconsumption）的概念。后续的研究者认为，将消费者有效性感知与其他的概念结合而成的定义会导致人们不能很好地理解消费者有效性感知的作用，得出误导性结论。后来的学者重新使用由 Kinnear 等（1974）提出的最初的概念，如 Ellen 等（1991）将消费者有效性感知定义为个人可以通过努力在某个问题的解决上起作用的一种具体领域的信念[②]。后来的学者大多沿用 Ellen（1991）提出的定义。

学者们的实证研究证明了消费者感知有效性在生态消费行为中起到了重要的影响作用。但是学者们对消费者有效性感知是如何通过何种机制影响生态消费行为存在着争议。最开始，学者们将消费者有效性感知视为态度类的概念研究与其他态度的变量之间的关系，或者研究态度与总体生态消费行为之间的关系。

①Kinnear T C, Taylor J R, Ahmed S A. Ecologically concerned consumers: who are they? Ecologically concerned consumers can be identified[J]. Journal of marketing, 1974, 38(2): 20–24.
②Ellen P S, Wiener J L, Cobb-Walgren C. The role of perceived consumer effectiveness in motivating environmentally conscious behaviors[J]. Journal of public policy & marketing,1991, 10(2): 102–117.

Kinnear 等（1974）最早在《生态关注消费者，他们是谁？》一文中提出"消费者感知"的概念[①]。Kinnear 等认为生态关注（ecological concern）包括以下两个维度：一是消费者的态度要表现出对生态的关注，二是消费者的购买行为与生态系统的维持相一致。Kinnear 等用社会经济变量、个性变量及消费者感知来研究生态关注消费者的特征。他们发现，部分个性变量和消费者感知能够显著影响消费者的生态关注水平。有效性感知水平较高的消费者对生态关注越多。

Webster（1975）认为社会关注型消费者（socially cerned consumers）是那些考虑到自己的私下和公众消费行为对社会的影响，并试图通过自己的购买能力带来社会改变的人。他将消费者感知与社会责任指标、对大企业的感知能力（perceived power of big business）作为态度变量来研究他们对生态消费行为的影响。结果发现，消费者感知是唯一一个对社会关注消费行为、回收再利用行为与负责任的社会行为指标等三个因变量都影响显著的因素。一些学者调查了消费者感知对生态环境行为的影响。Roberts（1996）发现，人口统计变量只能解释环境知觉型消费购买行为（ECCB）的 6% 的方差，而消费者认为个人可以帮助解决环境问题的有效性感知（消费者有效性感知）是 ECCB 的最佳预测变量，能够解释 ECCB 方差的 33%[②]。

后来的研究学者如 Ellen（1991）和 Berger 等（1992）等认为，消费者有效性感知与态度作为两个独立的变量时更有效。Ellen 指出，如果消费者有效性感知仅被看作关注（concern）或者态度（attitude）的一部分，那么它的功能可能被低估，甚至是无效的。因为许多研究报告人们对某一问题的基本态度与实施行为的意愿关系微弱。而利用消费者有效性感知来预测所有的生态消费行为（生态消费行为作为整体被考察）会导致其作用被低估或者高估。正因如此，计划行为理论指出，对具体行为的预测需要针对相应的行为态度进行测评。Ellen 考察消费者有效性感知对不同行为的影响。她的研究发

①Kinnear T C, Taylor J R, Ahmed S A. Ecologically concerned consumers: who are they? Ecologically concerned consumers can be identified[J]. Journal of marketing, 1974, 38(2): 20−24.
②Roberts J A. Green consumers in the 1990s: profile and implications for advertising[J]. Journal of business research, 1996, 36(3): 217−231.

现，消费者有效性感知对单纯反映个人行为的绿色产品购买、回收利用、对环境保护组织做贡献这三种行为有显著影响，而对其他集体参与的行为，如成为环保组织会员、与政府官员沟通、参与政府听证会等行为的影响不显著。同时，她也指出，后面这些行为效果的推测需要考虑集体的因素，而不是个人的有效性，所以结果也在意料之中。

后来的研究者，如 Lee 和 Holden（1999）却得出不相同的结论，他们将生态消费行为分成高成本和低成本的行为。他们发现消费者有效性感知正向并显著地影响高成本的生态消费行为，如成为环境保护组织的成员、捐款、给政府写信、参与有关环境的听证会等，而与低成本的生态消费行为，如寻找带有可降解包装的产品、拼车和回收行为等不相关①。他们的解释为，可能由于当人们觉得行为成本较低时，行为的相关利益也不会很高，因此低成本的行为可能不受有效性感知的影响。Berger 和 Corbin（1992）在 Ellen 研究的基础上进一步指出，消费者有效性感知是独立于态度的变量，它不仅可以预测行为，同时也可能调节其他变量与行为的关系，尤其是态度与行为之间的关系②。态度是对某个问题或事件的整体评估，而消费者有效性感知是个人通过消费活动对解决这一问题的贡献与评估。

Berger 和 Corbin（1992）调查了 1989 名加拿大居民后发现，消费者有效性感知是环境态度与消费行为关系的重要调节变量。消费者对环境的态度以及所采取的行为，都显著受到消费者有效性感知的影响。当消费者有效性感知高的时候，人们对环保的积极态度更容易转变为实际的行为；当消费者有效性感知低的时候，即使人们对环境保护有着积极的态度，也不愿意履行相应的职责。Berger 和 Corbin 指出，当人群中真正感觉自己的行为是有效消费者的占比很小时，大规模的个人消费行为改变就是不可能的。

消费者有效性感知对生态消费的影响起到重要的作用，消费者有效性感知

①Lee J A, Holden S J S. Understanding the determinants of environmentally conscious behavior[J]. Psychology & marketing, 1999, 16(5): 373-392.
②Berger I E, Corbin R M. Perceived consumer effectiveness and faith in others as moderators of environmentally responsible behaviors[J]. Journal of public policy & marketing, 1992, 11(2): 79-89.

甚至是预测生态消费行为的最有影响力变量。人们如果感觉到自己的努力对解决问题越有效就会越投入。因此，对影响消费者有效性感知的因素以及发展克服负面的消费者有效性感知的战略研究就非常重要。关于消费者有效性感知的影响因素，已有不少学者进行了研究，归纳起来主要涉及性别、诉求方式、反馈、主观规范与描述性规范、自我建构类型与信任水平等影响。

1. 性别对生态消费有效性感知的影响

性别对感知有效性有着显著的影响。女性相比男性有着更高的感知有效性。Lee 等（2010）在研究中发现，男性与女性的自我效能并没有显著差异，但女性的消费者有效性感知要显著高于男性。Zuraidah 等（2012）在研究马来西亚男女消费者的生态消费行为、生态关注及消费者感知有效性方面差异时发现，相比于生态关注，两性在消费者感知有效性上的差异更大[①]。

两性在消费者感知有效性上的差异可能由于社会角色的差异而导致不同心理特征和价值取向。社会角色理论指出，两性在社会中有不同的角色，社会对两性有着不同的期望。男性的角色包括鼓励竞争和侵略，而女性的角色排斥侵略同时强调避免和他人的冲突。相比于男性，女性在社会化的过程中形成了强调关心、同情、与人合作、奉献、自我牺牲的特征。另外，有些学者从价值取向的角度指出，相比男性，女性表现出更强烈的生态导向（即强调环境和生态的价值观）。

2. 诉求方式对生态消费有效性感知的影响

消费者有效性感知是人们对某个行为结果是否有效的一种判断，人们对某事物做出判断或者决定通常基于他们的知识、经验与外在的信息刺激。人们做选择判断的时候一般从内部与外部两方面获得信息。内部的信息来自个体的记忆与经验，外部的信息来自主动搜索外在的信息源。学者们广泛研究了诉求方式对消费者有效性感知的影响。

---

①Zuraidah R, Hashima H, Yahya K, et al. Environmental conscious behaviour among male and female Malaysian consumers[J]. OIDA international journal of sustainable development, 2012, 4(8): 55-64.

（1）"好宝宝"诉求和"病宝宝"诉求对消费者有效性感知的影响。Fine 等（1990）用"病宝宝"来形容社会营销中最通常的方法，那就是强调问题的严重性。基于人们会对重要的严重问题投入精力，这种诉求的目的就是用来说服观众关注这个问题。但是 Fine 等（1990）怀疑这种强调问题严重性的方法能否使问题看起来是解决不了的。他提出了一种替代的方法，即"好宝宝"诉求，这种诉求的核心是对个人行动和潜在效果的肯定。例如，宝宝生病了，但是你可以使他康复。"病宝宝"诉求增加人们对问题的关注，而"好宝宝"诉求增强人们可以解决问题的信念。Obermiller（1995）通过节约用水与回收再利用两个实验，证明"好宝宝"的诉求方式会增强人们的消费者有效性感知，从而影响人们的环境友好行为。

（2）基于自我感知战略的诉求方式对消费者有效性感知的影响。对于消费者有效性感知，Scott（1977）观察到，通过传统的说服信息很难改变这样一个基本的感知变量。基于自我感知理论的说服方式可能改变像消费者有效性感知这样的感知变量。相对于传统的说服手段，归因信息等基于自我感知理论的说服方式能够更好地改变人们的基本感知。

基于自我感知战略的特点是在人们形成信念时给人们一些线索。当应用这些归因或者标签性的信息时，属于个人的特质或个人过去的行为就被贴上标签，成为影响自我感知形成的线索与手段。Allen（1982）比较了说服性的诉求、归因类的诉求、功能性的诉求与没有诉求对消费者有效性感知的影响。说服性的诉求指出人们的行为可以解决资源匮乏的问题，人们需要对节约资源更加关注；归因类的诉求表示美国消费者都是非常愿意参与资源节约活动的；功能性的诉求强调人们节约行为的经济利益。研究结果发现，说服性与归因类的诉求会增强消费者有效性感知，但是归因类的诉求对消费者有效性感知的增强更有利。

3. 反馈对生态消费有效性感知的影响

班杜拉认为个人有两类学习方式：一类是通过自己行为的结果来学习，他们可能增强导致积极结果的行为，这也被称为经验型学习；另一类是人们可以通过观察别人的行为来避免不必要的错误。一些行为科学家将反馈视为控制学习和表现的关键因素。反馈对环保行为有重要影响，即使是最简单的反馈也能起到有利的作用。Winett 和 Kagel（1984）反馈可以填补消费者在资源消费水平方面的空白，并且能够促进、奖励、引导消费者实现节约资源的行为[1]。正面和负面的反馈能够帮助人们真实评估自己并调整行为。除此之外，人们寻求反馈来增加或者维持他人对自己的积极看法。Lord 和 Putrevu（1998）通过对一个城市回收再利用计划的反馈信息操纵检验了正面反馈信息与负面反馈信息对消费者有效性感知的影响，获得正面反馈信息的居民消费者有效性感知更高，对回收再利用的积极性也越高[2]。Hutton 等（1986）也指出，为了促进生态消费活动应该提供有规律的反馈，通过强调成功而不是失败来告诉消费者他们的行为可以对现状有所改变[3]。但是 Fimkelstein 和 Fishbach（2012）进一步研究了新手与专家两类人对待正负反馈的态度，结果发现新手倾向于寻求积极的反馈并对其做出回应，而专家则倾向于寻求负面的反馈并对其做出回应。反馈通过帮助消费者学习的功能，减少对行为结果的不确定性，了解行为对资源的消耗，从而提高感知的有效性。通过反馈，节约能源的行为被不断地激发，人们通过行为对自己进行再认知，从而提高感知有效性，即使反馈停止，人们的节能意识也会得到保持。

4. 主观规范与描述性规范对生态消费有效性感知的影响

描述性规范显著正向影响有效性感知，主观规范显著正向影响有效性感知，且主观规范对有效性感知的影响更大。当消费者感觉越多的人参与垃圾分类或采用公共交通出行时，他会认为自己的相应行为对促进环境保护与空气质量的改善越有效。因为环境是一种公共物品，环境美好这样的群体目标

---

①Winett R A, Kagel J H. Effects of information presentation format on resource use in field studies[J]. Journal of consumer research, 1984, 11(2): 655−667.

②Lord K R, Putrevu S. Acceptance of recycling appeals: the moderating role of perceived consumer effectiveness[J]. Journal of marketing management, 1998, 14(6): 581−590.

③Hutton R B, Mauser G A, Filiatrault P, et al. Effects of cost−related feedback on consumer knowledge and consumption behavior: a field experimental approach[J]. Journal of consumer research, 1986, 13(3): 327−336.

需要全体社会成员的共同努力才能实现，当参与的社会成员越多，目标实现的可能性也就越大，个体也就觉得自己的行为越有效。主观规范是指身边的重要他人对自己参与某种行为的期望。从数据分析结果来看，当来自身边重要他人的期望越高，他人越赞同垃圾分类就越认为垃圾分类是一件正确的事情，那么个体对该生态消费行为的赞同程度就越高，社会对自己参与该行为的期望也就越大，因此，个体感觉到进行生态消费行为的正确性与有效性就越高。描述性规范，即他人实际情况下是如何做的，对我们的影响是潜移默化的，通常我们对他人的模仿是潜意识的，他人的行为对我们的影响并不需要经过精细的认知路径。值得注意的是，与描述性规范（大部分他人是如何做的）相比，主观规范（大部分他人期望我们如何做）对消费者有效性的感知影响更大。这和主观规范与描述性规范本身的特点相关，而主观规范是身边人对我们的期望。与描述性规范相比，主观规范带给人们的压力更大，因此主观规范对消费者有效性感知的影响更大也是符合情理的。同时，我们也要注意在影响消费者有效性感知方面，描述性规范也起了很大的作用。

5. 自我建构类型与信任水平对生态消费有效性感知的影响

对于独立自我建构类型的个体来说，感知生态消费的描述性规范对有效性感知的影响不显著；对于互依自我建构类型的个体来说，描述性规范对有效性感知的正向影响显著。这说明互依自我建构的个体更容易受到其他人的影响，而独立自我建构的个体认为自己与他人是相分离的，更看重自己的思想与能力，因此他人是否进行生态消费行为，不能影响独立自我建构的个体对自我有效性的感知。另外，在主观规范对有效性感知的影响上，我们发现对于独立自我建构的个体与互依自我建构的个体来说，主观规范对有效性感知的影响都是显著的，但是二者存在显著差异。对于互依自我建构的个体来说，主观规范对有效性感知的效应相对要小。这可能与互依自我建构的个体还受到描述性规范的影响有关。人们评价自己的行为对解决生态消费问题是否有效，主要受到描述性规范与主观规范的影响。

（三）规范公平性感知不足

公平性感知是人们对是否公平的一种主观感知与判断。随着理论与实践的发展，公平的内涵与外延也在不断地丰富。公平性感知与两难情境中人们行为的关系很早就受到学者们的关注，直到现在社会两难中的合作行为与公平问题依然被不同的学者单独研究。然而，探究二者关系的相关研究揭示了两个重要的结论：一是研究证明公平性感知与两难困境中的合作行为高度相关；二是学者指出即使在相同的两难情境下，人们的公平性感知也因人而异。生态消费行为是大规模的两难问题，人们的生态消费意愿是否会受到公平性感知的影响，除了个体差异之外，还有哪些因素能够影响人们的公平性感知？本小节通过对公平理论公平与两难情境中选择合作的关系的梳理，厘清公平性感知的内涵，探析影响生态产品需求侧的公平性感知因素。

1. 社会规范对生态消费公平性感知的影响

生态消费的描述性规范对消费者公平性感知有正向影响，而生态消费的主观规范对公平性感知的影响不显著。同时，有效性感知正向影响人们的公平性感知。公平性感知主要源自个体对自我付出与回报之比，以及个体对自我付出回报比与他人付出回报比进行比较的结果。如果结果相等，消费者会觉得公平；如果不相等，消费者会感知到不公平。本书所指的公平性感知，主要是个体对结果公平的感知。对于生态消费行为来说，由于其两难性质，只有当大多数人参与生态消费行为时，人们的回报才会大于付出。只有少数人参与生态消费行为时，进行生态消费的个体的付出必然大于回报。因为环境是公共物品，只有全社会成员的共同努力、共同保护，环境美好的目标才能实现。因此，描述性规范对消费者的公平性感知有很大的影响。另外，公平性感知是对付出与回报的衡量、自我和他人的对比，但它依然是一种主观的感知而不是客观的标准。公平性感知受到个人的价值观、性格、人们的社会经济地位等方面的影响，面对同样的境遇，有些人会感到公平，而有些人则会感觉不公平。

2. 自我建构类型与信任水平对生态消费公平性感知的影响

首先，独立自我建构与互依自我建构的个体在感知生态消费的主观规范与公平性感知的关系上存在显著的差异。虽然主观规范对公平性感知的影响是不显著的，但独立自我建构个体对公平性感知影响是显著的。这主要体现在以下两点：对于独立自我建构的个体，主观规范正向影响公平性感知；对于互依自我建构的个体，主观规范负向影响公平性感知。

在描述性规范与公平性感知的关系上，独立自我建构个体与互依自我建构个体存在明显的差异。对于独立自我建构的个体，描述性规范对公平性感知的影响不显著；对于互依自我建构的个体，描述性规范正向影响公平性感知。这说明相比于独立自我建构的个体描述性规范对互依自我建构的个体的影响更大。互依自我建构的个体更在意他人的看法与行为，强调自我与群体的不可分割性，受到他人的影响就更大。当感觉有更多的人参与生态消费时，公平性感知程度越高。相比独立自我建构的个体，当参与生态消费行为的人很少时，互依自我建构的个体会感到个体的有效性较低，并且对于他人的"搭便车"（不参与生态消费）行为，个体会更加感到不公平，从而影响人们的生态消费行为。

其次，信任与主观规范的交互效应掩盖了主观规范对公平性感知的效应。而主观规范对公平性感知是有影响的。在高信任水平上时，主观规范正向影响公平性感知；在低信任水平上时，主观规范负向影响公平性感知。本书中的信任是指对陌生人的普遍信任，当个体对他人的信任水平较高时，对其参与相关生态消费行为的期望和压力能够正向增强个体对生态消费行为是否公平的感知。而当个体信任水平较低时，会对他人参与生态消费行为的预期较低，此时来自身边人的压力会增加个体的不公平感，即个体会觉得如果他人都不进行生态消费而要求我进行生态消费则对我来说是不公平的。

最后，信任与描述性规范对公平性感知具有显著的正向调节作用。与信任水平低的个体相比，信任水平高的个体描述性规范对公平性感知的正向影响更大。这可能是信任水平高的个体对他人参与生态消费行为的预期也比较高，而当其感觉到周围参与生态消费的人较多时，他会觉得更加公平；而当他感觉到参与生态消费的人比较少时，预期与现实差距较大，与信任水平低的个体相比，他会有更强烈的不公平感。

第六章　生态产品价值实现的有效机制和路径

第一节　生态产品价值实现机制的创新

改革开放以来，伴随我国市场的蓬勃发展，我国经济规模早已超越了日本，一跃成为世界第二大市场经济体，城乡居民人均收入也逐年增加，城镇居民消费意识日益提高，生态产品因此成为继物资商品、精神消费品后备受民众欢迎的新型商品。不过，在经济社会高速发展的同时，伴随人口大量增加，环境严重退化、自然资源匮乏的问题也层出不穷，严重影响了生态产品的产出和供应。而生态产品的供给不足已经成为中国当前经济社会发展不平衡不充分的重要问题，严重干扰了人民群众对良好生态环境的追求，也严重影响着中国经济社会的高质量增长。

党的十八大以来，我国将社会主义生态文明发展水平提升到了前所未有的高度，也努力破解了比较突出的问题，先后制定了关于大气、水体、土地等的重大环境污染整治规划，并全面确立了河长制、湖长制，更加提高了生态系统的环境保护能力，划保护红线、抓生态修复工作、给环境补贴，使环境商品以更高品质的标准进行供应。推动保护体制改革，逐步建立环保责任追究体系，以制度和法律对自然环境进行保护，逐步形成了自然保护和环境管理的市场体制，美好中国建设工作取得了明显进步，自然环境条件改善，"环境颜值"也更高，天蓝、地绿、水清等美好底色也逐步展现在广大民众眼前，中国生态文明建设进入了快车道。

生态产品价格形成机制一直是中国当前环境社会发展的中心问题。早在2010年我国就提出了"生态产品"的全新概念，此后生态产品就逐渐进入了大家的视野。目前，由于中国环境重大课题频出，世界也越来越认识到了生态建设环境保护的必然性、迫切性，世界各国对环境产品的关注程度已经提升到了前所未有的高度，生态产品概念也越来越深入人心，逐渐走入了寻常百姓家。党的十八大报告中也进一步提到加强对生态系统的环境管理及增强环保服务的能力，环保产品的能力也是中国当前环境社会生产力的重要一部分。此外，还明确了责任机制、实行资源有偿使用制度和生态赔偿机制，表明我国必须采取市场经济手段对大自然进行维护和对生态资源进行利用。2015 年，中共中央、国务院出台的《关于加快推进生态文明建设的意见》明确企业技术创新的主体地位，进一步强化市场在绿色产业发展方向和技术路线选择中的决定性地位。随后，由中共中央、国务院印发的《生态文明体制改革总体方案》中，明确要求按照成本、收益相统一原则，基于社会可承受能力，构建自然资源开发使用成本评估机制，将资源所有者权益和生态环境损害等归纳到自然资源及其产品价格形成机制。基于此，我国尝试运用生态文明创建的新方法，将福建省打造成"环境产品价值取得地区"，这将成为我国环境产品开发的一个关键引领点，并把我国环境产品价值开发的理论研究成果转化到实际应用当中。2017 年，我国将浙江等地方列为全国生态建设产业价值实现模式试点区域，代表着我国对生态产业价值实现模式的探索已步入了实质性时期。现阶段，我国的经济可持续发展问题已经转化为人民日益增长的美好生活需要和不平衡、不健全的经济与社会发展条件之间的矛盾，而生态产业的供给不足也是中国经济的发展条件不均衡、不完善的主要原因。习近平总书记在深入推动长江经济带发展座谈会上提出，"要从生态系统整体性和流域系统性出发，追根溯源，系统治疗，防止头痛医头、脚痛医脚"为今后在中国开展生态产业价值实现的途径研究指明了方向。

生态产品的价格实行是一个长期性的工作，关系到国民经济、政策、经济社会、人文、环境等许多问题。环境商品价值的实现必须以对环境商品的划分为主要内容，而不同的划分标准就对应了不同的价值实现方法。因地制宜，适当采取保护措施，通过教育、美术、环境、科技的方式来优化生态产品资源，促进经济增长与环境保护协调发展。

从纯天然生态环境体系的意义来看，以纯天然生态环境体系为基石，以生态价值作为构建价值的纽带，促进环境的价值体现。纯天然生态环境系统是指能够为自然界的发展与建设创造所需要的物质，它们都具备自我调节功能，其主体主要为原始森林和海洋。而天然资源也是我国自然财富的主要组成部分，是指能够为人类提供天然生产生活和公共服务环境的自然财富，主要有森林、灌丛、草原、湿地、荒漠等天然生态环境系统，以及耕地、城乡绿地和以自然生态产物为对象的人造生态系统。其中，生态资产有明晰的产权。而生态产品就是自然生态体系为环境资源服务的产品与服务。应当指出，生态产业是在自然生态体系和社会生态价值的基础上形成的。因此本节主要通过对自然生态体系、生态资产和生态商品价值的定义、划分及生态商品价值实现的基本机理研究，认为生态商品价值实现的基础在于生态资产的保值增值，并提倡通过建立生态资产的三级市场，构建生态资产价值实现的新机制。

在建立三级市场的进程中，首先应明确环境自然资源的所有权。产权明确后，由个人开发的环境自然资源会过度化，造成自然资源产品价值体现的质量降低，个体化的经营开发模型难以为继。这个阶段，一般都是采用集体组织形式代替个体化的经营开发方式。而针对所有权还不明确的环境资源，一般都是借助平台以整体的形式来体现其价值，具体也可以采取通过引入外部资金，创办民宿或者农家乐等方式，间接体现环境资源的整体价值。通过建立三级市场促进环境商品价值实现的具体措施主要包括以下几方面。

一、构建生态资产一级市场

长期以来，由于生态资源类型多元化，出现了所有权归属不清的现状。一般生态资源的所有权主体以传统村庄和地缘政治文化为界限。而针对像江河、山林、空气等，具备水涵养、水净化、气候调节等重要特征的环境调节事业和公共服务产业，则因为存在分散性、流动性，并可能具有跨地区等特点，而无从清晰地划分生态固定资产的所有权范围；针对具备经营开发利用特性的，像耕地、森林湿地、水生产、公园等生态产业，所有权范围相对明晰，但主要归属农民个人、乡村集体、当地政府等。一般在所有权范围明确的基础上，以资源需求规模和居民消费意愿为导向，并以政府为主体对生态资产类型和总量进行普查。进行生态资产普查之后，建立集体组织，由政府和集体组织对有经济效益的生态资产做资本化定价，然后由集体组织将整理定价后的生态资产以股权的形式分享给农户，村民们才能在里面进行股权的买卖。

当生态资源完成定价、完善内部交易后，资源变成资产，资金变成股金，农户变股东，政府还将通过居民持股投资合约结构化的有关措施，推动居民持股投资在内部进行价值的流动，在内部最终形成生态资本的价格。

在该进程中，由于个性化的生产开发模式会导致农民对生态资源的盲目开发利用，从而造成对自然环境的损害，并降低自然资源的有效增值获得能力。所以，在一级市场中，应建立集合经济发展机构逐渐代替个人化的生产经营发展模式。集合开发模式可以遵循"环境第一、环保为主"的方针，有利于人与自然的和谐共处。集合经济发展机构应当对环境财产实行整体利用，对那些不可分性的、不能分到户的太阳能、风能、森林等自然资源实行排他性利用，发挥环境资产产权归属组织主体的角色。同时，集合经济发展机构扮演资源整合者的角色，也可以增加对农民的组织化。集合市场经济结构也可以减少与外来经营主体的交易成本，主要表现为由于外部资本的大量进入与相对分散的边界不同的运营环境模式，以及背后充斥着不同的权利模式与权益要求。

在该过程中，一级市场形成之初，当时集体经济组织也刚成立，由于集体力量相对薄弱，国家经济财源也比较局限，且相应政策不健全，外部资金还未能进入。此时，集体经济组织的发展与壮大必须借助我国公共财政的力量。国家财政折为公股放到农业集体组织的股份制里，准许每户村民共享它的总收入，但不能由村民自由转让。正因如此，生态资本初次定价实现，一级市场经济才开始真正发育起来。

（一）建立生态产业的法律制度保障机制

由于生态产品价值实现牵涉多主体的利益关系和权利责任，为形成长效机制，需依靠稳定长久的政策措施和行政手段予以推动。实现生态产品价值，需要借助政府立法手段，制定相关法律法规或行政规章制度，保障地区生态保护与绿色发展需要的生态产品交易市场。落实《中华人民共和国环境保护法》《中华人民共和国长江保护法》等涉及水、森林、草原、河流方面的法律法规，并开展生态保护补偿、共建共享相关法律法规的立法研究。营造依法履行生态环境保护义务的法治氛围，用以综合指导和支撑生态产品的价值实现。

（二）构建生态产业价值考核激励机制

探索把生态产品生产总值指数作为各地党委和人民政府经济工作的绩效评价指数，主要评价环境商品供应水平、生态建设环保治理能力、生态建设环境保护效率提高、生态建设环境保护效益等因素的指数。基于上述考核内容，改变以往单一生态补偿模式至综合性补偿模式。推进全国实行 GDP 和生态产品生产总值"双考核"机制，更加科学评估区域经济发展与生态环境质量。此外，积极推动地区生态产品价格核算成果成为领导干部自然资源资产离任审计的主要参考指标之一，并针对任期内导致地区生态系统生产总值严重减少的情形，根据有关制度和法规追究相关地区党政领导干部的经济管理责任。

（三）通过完善执法工作助力生态资源价值实现

根据国家统筹、省综合管理、各地实施的管理权限规定，建立健全生态资源价值的统筹协调体系，加速推进此项工作。在政策法规体系保障方面，依托生态环境部、国家发展和改革委员会、农业农村部等单位的力量，统筹和推动生态环境资源发展，建立和完善相关的政策法规体系，如《中华人民共和国生态补偿法》《中华人民共和国黄河保护法》《碳排放权交易管理暂行条例》《水权交易管理暂行办法》《排污权出让收入管理暂行办法》等相关法律、条例和办法。各省和各县级人民政府也将制定得力举措，全力确保各项政策制度的精准落实。同时，将生态产品价值实现工作推进情况作为省级和各县领导干部绩效考核的重要参考，保障行政职能为生态产品价值实现提供坚实助力。

（四）设立生态产品价值实现试点

由国家统筹推动自然资源产业价值实现试验项目，其自然优势和品牌价值极高，具有丰富的自然资源产品种类，其规模和品质符合实施自然资源产业价值实现试验的条件。选择价值实现的地区，需要完善生态产品价值核算标准、生态产品供求关系平衡和精准对接、生态产品高效供给和经营开发、生态产业融合和产业链延伸、生态保护补偿机制、生态保护绩效考核评估等领域。在实现生态产品价值方面，应鼓励当地先行先试，总结价值实现成功经验，并在全国范围内加强宣传和推广，打造国家生态产品价值实现机制示范基地。

（五）持续发挥国家重大生态工程和体制改革优势

1. 借助重大生态保护修复工程保障生态产品持续供给

中央和地方实施生态环境保护恢复一期、二期工程，维护和恢复地方的自然环境，进一步控制环境质量整体下降势头，大幅度提高了全国的植被覆盖率，明显降低草原的载畜负荷系数，全面修复水体和湿地生态系统，更加突出环境保障职能，日益完善生态环境保护机制，进一步改善地方贫困农牧民生存条件，维持作为"中华水塔"的生态产品供给能力。当前，各省正在着力推进国家生态环境保护战略和生态建设的三期计划编制工作，为不断筑牢我国生态安全屏障，不断供给最优质的生态产品夯实了基础。

2. 依靠国家公园体制改革为生态产品价值实现奠定基础

通过在国有公园开展管理体制改革工作，将涵盖生态环境保护管理的有关工作，如森林、国土资源、水利工程、农牧、环保等，集中纳入国家公园的管理范畴。同时整合地方国土管理和环保执法、森林公安、草原监管等地方行政机构，并协同森林保护、草地保护、水土保持、湿地环境保护等有关生态环境保护的工作站，全面实现统一、有效、集中的生态环境保护监督管理与综合执法体制，以统筹行使和管理国有公园区域内自然资源资产与土地空间。

3. 优化和重组自然保护地促进资源价值管理制度建立

针对生物保护区、湿地、水源地、风景名胜区和自然遗产等各种自然资源保护区，贯彻生态环境保护优先政策和山林水田湖草的统一管理保护原则，对其进行优化和重组，实行统一和集中管理，以达到生态环境有效保护和系统修复的目的。同时建立信息平台，为资源的价值核算与评价体系的建立提供信息支撑，为建立权利清晰、职责明晰、监督严格的我国资源价值管理制度贡献实践与智力。

（六）持续推进生态补偿提档扩面

强化生态补偿的目标与能力。一方面，主动向国家争取强化中央政府的支付能力，扩大生态保护奖励补贴，通过对口扶持与合作的方式，探索横向生态补偿制度，并提高当地政府的支付水平；另一方面，国家通过建立公开权威、标准透明的环境政策与服务平台，同时通过鼓励吸引社会资金进入重大环境要素供应和环境补偿等方面，以建成多样化的生态补偿激励机制。国家在对重大生态功能区的投资支付和环境补偿指标制定过程中，对河流源头这样的重要生态功能区的资源分配系数给予较大的倾斜，同时在水权分配和生态环境修复改善给予政策性倾斜和奖励补贴，为后续生态产品价值的实现奠定基础。

首先，进一步提高跨流域、跨地区的横向生态补偿能力，《关于加快建立流域上下游横向生态补偿机制的指导意见》提出，遵循先易后难的原则，在积极推动各省（区、市）建立专门的横向生态保护补偿机制的同时，扩大各省流域上下游横向生态保护补偿机制试点范围，积累一定经验后，再扩展到跨多个省份的流域，并积极探索横向生态补偿新路径；其次，除了建立资金转移使用制度之外，开展多维度和多途径的市场交易方式，在完善市场主体流转机制的基础上，一方面指导和监督各主体的市场化交易，另一方面鼓励双方在遵守市场交易规则和要求的前提下展开直接交易；最后，创新推动横向生态补偿试点工作，在生态产品价值实现机制的基础上，开展地区跨流域资金补偿、产业转移、对口支援、人才援助等多方面、多维度的横向补偿方式，以充分调动下游地区对生态补偿的积极性。

提升地区医疗、教育、社会保障、科普等政府公共服务职能。生态环境的保护和修复离不开当地居民的参与和贡献，提升当地公共服务水平能够保障居民参与生态保护和生态产品供给过程中全身心投入，并以此推进城镇化建设进程，让更多的居民在乡镇和县城生产生活中减少对生态环境的影响。

建立健全农牧民转产就业制度。通过设立草原巡护、森林巡护、生态监测、基础设施维护、社区服务等生态管护公益岗位，为牧民提供从畜牧业转产的生产保障。同时，建立健全公益项目绩效考核机制，增强公益项目的公正性与效力，确保环境补偿基金的使用切实有效。

（七）推进实施协同保护共建成果共享工程制度

生态产品价值的实现，应充分发挥当地政府和各省的职能，建立省外和省内各级政府的联系和纽带，呼吁流域内各省参与生态环境保护和发展，共同提升生态产品的供给能力，并实现其价值。

开展各省间相互影响和合作，在省际互补的基础上，一方面必须以共建为前提，构建有机共同体，形成超值或增值的高级协同效应，从而实现共享保护成果这一目标；另一方面，明确共建是共享的基础，多方参与是基础，流域共建是核心，流域共享是目标。形成自上而下的推进机制，将共建共享机制融入国家战略，形成由国家主导、地方执行落实的格局，保障各项规划落地。

采取建立自然生态环境协调管护机构、建立流域生态环境保护监督管理的统一网络平台、完善流域内自然生态环境协调保护区管理标准、建立流域自然生态环境协调保护区综合考核办法等手段，全面构建联控与协同治理管理机制，逐步形成生态补偿、市场供给、协同管理投入等可持续发展的经营机制，通过公众参与、绩效考核等监督保障机制促进政策的落实。

推进实施协同保护共建共享工程制度具体可以从以下几方面来实现。第一，利用宣传手段形成协同保障共识；第二，形成共建共享的共识；第三，积极启动生态环境保护基金、交换资金、碳交换服务等关键环节和重大问题试点建设，并制订计划，起草文件，建设协作平台；第四，力争将建立地区协作保护的生态环境共建共享制度上升为国家战略。

（八）土地利用优化

随着空间模型的进一步发展，利用各种空间法来优化土地分配的方式就显得十分重要。通过考虑不同类型土地利用的适宜性、紧凑性、规划成本或生态系统服务，优化土地利用的分布。创建一个优化土地分配的模型，以平衡生态系统服务和经济发展间的矛盾。基于生态服务和区域土地利用效率差异的优化配置，成为决策者和规划者制订可持续利用计划、实现城市和经济发展目标及改善生态系统保护的有利工具。鉴于社会发展和土地利用效率方面的区域差异，需要在土地利用效率的基础上进行区域优化配置。此外，在各种生态系统服务的基础上优化土地利用分配对于环境保护至关重要。土地利用布局调整在可持续土地利用规划中起着重要的作用。经济发展与环境保护之间的合作对于优化土地利用布局至关重要。城市扩张通过增加人口收入和吸纳全国剩余劳动力促进经济增长。作为土地投资与经济和生产绩效的指标，土地利用效率因资金、劳动力和土地资源的有效性而有所差异。

二、构建生态资产二级市场

在一级市场上进行初次定价后，由于有些地方较为贫穷，当地政府财源受限，基础建设比较落后。集体经济企业可以从政府扶持引导入手，提高股权管理与收益分配透明度，加大基础建设的投资力度，提升企业的谈判能力，以此吸纳外部资金流入，从而建立二级市场。随着融资主体的增加，建立了PPP模式，从而形成了公私共建体制。引入新投入主体，可以建立合作社并使之成为生态产业投资实现的主要载体。而集体经济机构则把投资定价后的生态产业，以股票、国债等形式交给了合作社。不同的经济合作主体将产生不同的开发与投入形态，从而可以在很大程度上减少经营的风险。

合作社在成功获得股份收购之后，在二级市场上利用市场经济行为买卖生态建设商品，获得利润，合作社进行部分扣减后，再按照股份的份额将利润分配给持股人，成为持股人的财务性总收入，完成生态建设商品的一次性升值。在此流程中，政府部门和集体经济组织必须按照合作社的配置确保生态建设商品的供应充足，进行生态建设商品的持续性贸易发展。为此，当地政府需要引入农村商业银行、农业银行、农业投资有限公司或者设立地方政府投融资基金，提供生态建设商品的信用贷款额度。合作社通过在信用额度内，向商业银行获得一定数额的支持性信贷，确保生态产品在二级市场上持续性的供应，从而使生态产业升值。在此期间，集体经济组织并不参与企业直接经营管理，仅收取入股利润给农民进行二次分成。

外部资金的大量流入、二级市场的出现和生态产品价格的稳定增加了生态产品的增值机会。这些不可分割的生态资产可因引进外国直接投资而收费。通过开发生态旅游、农家乐和公用事业产品间接促进了生态资源的利用。

（一）构建生态环保政策引导体系

在构建生态资产"二级市场"中，要加大力度构建生态保护政策引导体系，重视生态环境保护政策体系和市场机制建设，通过政策手段和市场手段来激发市场活力，为生态环保政策引导体系的运行提供助力。首先，进一步完善与优化绿色财税和绿色金融政策，为企业提供税收优惠，并积极开展生态产品技术融资试点工作。其次，推动碳排放权等市场化交易进度，对排放交易试点进行规范。最后，合理运用政策工具，建立健全环保信用评价制度体系和环境成本合理负担机制，为绿色产品获得更好的市场空间提供政策支持。

（二）通过加强科技人才支持，助力生态产业发展实现

生态产品的价值实现离不开科技和人才的保障与支撑。随着人类社会的进步和科学技术的发展，互联网技术、数字媒体技术、生物技术、人工智能技术等科技创新手段为推动生态产品价值实现提供了强有力的技术支撑和科技保障。例如，以科技和价值链的拓展为重点，企业通过技术支撑能够不断提高生态物质商品的整个产业链科技价值，带动各类商品的增长；以网络交流手段为媒介，监测和维护偏远地区自然环境，通过网络促进生态物资商品和生态科技商品的销售，通过优美环境促进健康经济发展，为生态产品价值实现创造机遇；依托大数据技术、5G网络、区块链、物联网等先进技术和手段，综合集成了各种环境信息、污染物、气候变化等信息，形成了涵盖省、市（州）、县）、镇的三级环境监察、草场监督、水土保持、畜禽保护等全方位环境监督体系，进行环境状况预警、环境事故处理、生态环境宣传、生态数据应用等，从技术层面保障生态产品的价值实现。

依托省内外和科研院所，依托国家对口支持政策与国际合作共建新体制，加大对生态产品价值与实现等制度变革问题的创新性探索，加强对环境类、经济与社会类、管理类，以及相应学科的基础建设与相关人才培养，努力建设服务生态产业价值实现的新型高级智库。依托国际园区的建设，通过举办或开展国际博览会、技术交流讲座、经济交流会和国际赛事，并开展以生态产业发展和生态产品价值的实现为目的的国际交流。

（三）建立生态产品价值考核评估制度

生态物质产品、生态调节产品、生态文化产品的价值主要依靠市场化、横向与纵向生态补偿实现，当地生态产品的价值实现需要基于生态产品价值的评价体系。建立该系统的前提就是确定了生态体系服务种类和属性，以及生态产品类别、总量和品质，并以此为基准，逐步建立生态产品总值统计制度，并探索把生态产品价值核算的基本数值以国际生态产品生产总值为评判准则引入中国国民经济核算系统，以及讨论研究体现因生态环境保护修复而产生的生态产品增量的价值核算方法，在确定当地生态产品市场供求关系的基础上，全方位实现生态产品价值。

（四）建立生态产品价格核算标准

生态产品价格的核算是生态产品交易、生态补偿标准制定、生态产品供给、生态环境破坏补偿等多项与生态产品价值实现相关机制的基础和前提。当前急需权威、科学、易操作、可复制的生态产业价格核算评估规范出台，保障地区生态产品的价值实现。参与考核和评价的生态产品价格必须以标准、全面的基础数据为支撑。地方应首先开展生态产品环境价格核算研究，以社会交易和环境补偿的方式，对不同类别生态产品环境价格、生态价值、社会发展功能、机会成本让渡价值开展核算工作，并逐步完善核算手段和方法。

（五）加强对口援助，助力生态资源发展实现

对口援助是横向环境补助的主要方式之一，充分发挥对口援助政策资源优势，以维护好自然环境为基础，以巩固脱贫攻坚成效为主线，以提高公共服务均等化和改善地方生活为核心，持续拓展对口援助合作的深度和广度，助力生态产品价值实现。

在原对口援助政策的基础上，进一步加大同国家有关部委、援青省份、援青中央企业的协作，在经济、社会、技术、产业、项目、人员等方面，建立全方位、深层次的对口援青新格局，加快推动社会经济持续、健康发展，为生态环境保护和生态产品高效供给发挥重要作用。

巩固脱贫攻坚战成效，增强社会公共服务功能。发挥东部、西部地区帮扶合作与对口援助联动机制的重要功能，通过不断推进工业扶贫、产业扶贫、消费扶贫，创造更多就业机会，在推动建设重大基础设施、公共服务设施、旅游服务设施的同时，进一步提升社会服务水准。

借助对口支援政策，进一步健全、完善生态补偿机制和补偿方式，建立长江、黄河中下游的生态补偿机制，研究制定生态产品价值核算技术和评估方法，开展水权、排污权和碳汇市场交易，促进生态环境保护与民生改善相结合，与各方携手推进绿色发展。

（六）积极建设国际生态文明高地，努力开辟向"两山"的转化道路

实现由"绿水青山"向"金山银山"的过渡，是中国生态产业发展实现的重要指导思想。应将所在地区打造成为国际生态文明高地，持续推进生态文明建设水平，实现"两山"有机转化。

当前亟须提升社会公众对生态文明思想认知、"绿水青山"就是"金山银山"理论认识、地区生态环境保护和生态产品的认知接纳的水平。由于当前社会对地区生态地位的重要性、各省生态优势和国家生态文明建设思想认识程度还有待提升，需要加大全社会对各省、地区的关注和了解，使人人参与生态环境保护，人人支持生态产品发展，人人为生态文明建设做出贡献。当前在持续贯彻"绿水青山"保障人类生存和发展的基础上，通过保护和修复生态环境，转变当地农牧民生产生活方式，从根本上提高当地居民对绿水青山价值的认识，同时提高外部地区对地区发挥重要生态产品供给作用的重视，打破区域经济发展与生态保护对立的传统思维。

良好生态环境是最普惠的民生福祉，青藏高原及其周边高地被称为"地球第三极"，是全球气候变化的敏感区和影响显著区，通过绿色有机的生态畜牧业发展，维护当地自然资源安全，保护生物多样性，大力发展生物洁净燃料，实现"双碳"目标，积极发展生态旅游工业，实施生态化环保体系建设和治理能力，就是为当地居民提供最好的民生福祉。为全国乃至全世界持续提供更多优质产品的同时，增强人民生态环境保护、节能减排、低碳绿色的意识，更加有助于实现生态产品价值，为提升当地民众生活水平和生活质量做出重大贡献。

三、构建生态资产三级市场

在二级市场平台上，可以引入大量社会资金。而经过市场生态的发展，企业也可以逐步成长起来。逐步完善公司利润分配机制，建立公司内部环境投资管理和责任追究体系，完善政策激励机制，创新公司的直接融资方式，逐步形成三级市场。积极培育发展社会产权交易，利用集体资产信托、集体股票质押，逐步拓展板上交易方式，并推进环境资产证券化。一般都是由本地企业进行环境资源类投资项目的板上交易方式，并吸纳社会资本可以获得直接投资。

在三级市场的平台上，为更好地推动生态资产价值体现，必须更好地连接社会资金，做强信贷资产，提升金融服务水平，充分发挥市场对企业的加杠杆作用，持续推动生态资源。为此，通过成立环保投资有限公司，将其范围内的各村优质环保公司实行社会化打包，形成了完善的以环保公司租赁经营为载体，居民以环境消费为主要参与主体的诚信区块，形成了能够在成交板上挂牌的环保公司，并吸纳了外来融资，逐步推动成交价值增长。该流程中，还要求通过引入资本激活环境固定资产，以促进环境固定资产的可分拆买卖，由集体经济组织作为主要收购商。而在三级市场上买卖终止时，投资者也可以做托底收购，进而将资金做股金，把所投资股权全部交回给集体经济组织，将股份交给附近村民，让其获得长久且固定的财产性收入，从而达到对生态资产的保值增值。

生态化资产三级市场的建立，创新了生态化产品价值实现的方式。三级市场建立的流程中，也要求生态化产品价值体现的"五位一体"管理机制。在一级市场上，存有制度保障、生态补偿管理制度；在二级市场上，存有公私合作、资金支持激励机制、市场经济贸易机制；在三级市场上，存有资金支持激励机制、市场经济贸易机制。同样，为了在三级市场的基础上，进一步促进生态化产品价值体现，也存有生态化产品价值实现的制造、分享、交流、消费、循环等环节。所以，建立生态资产三级市场，促进生态产业价值的实现，切实可行，行得通，做得出。

（一）加大绿色金融支持力度

"绿色金融"是政府促进社会生态改善、适应气候变化、储蓄和有效利用财政资源的财政行为，通常包括环境、节能、清洁能源、绿色交通、城市绿化、投资、建设和风险管理等项目。绿色财政援助发展绿色基金、保险、证券和信托基金是促进区域绿色经济、人类协调和可持续发展的重要工具。区域生态产品和环境可持续性的价值，通过确保国家环境举措和环境保护，以及促进环境友好型金融发展而得到提高。

自然资源产业化与产业生态化是自然资源商品价值实现的重要途径，需要绿色金融服务的大力支持。通过研究发展基于水资源权、排污权和碳排放权的投融资工具，建设绿色生态股票指数，发展碳汇现货贸易，并研究发展"生态资产权益抵押＋金融贷款"的模式，引导企业和居民依法依规进行生态系统要素投资或生态产品订单质押等绿色信贷业务，用于保障当地的生态环境品质改善和生态产业发展；鼓励金融机构设立生态产品产业链金融模式，为当地生态产品产业融合和产业链延伸提供金融保障；鼓励保险机构探索和开发针对生态产品的保险产品，在参与生态保护补偿的同时能够保障生态产品不受损害。另外，可参照国内相关地区绿色金融项目，在具备条件的村落，借鉴"古屋贷"等金融创新产品，以收储、托管、合理利用等形式开展融资工作，资金用于当地周边生态环境系统整治、村落翻新改造、乡村旅游开发。

（二）健全生态环境损害赔偿和受益付费制度

为完善生态环境损害赔偿的法律机制需要做好以下两点：一要建立健全生态环境破坏鉴定评价办法的执行机制。针对产生生态环境的破坏程度与损失范围作出评价，进而确定生态环境的破坏价值，达到约束破坏者行为和保障保护者利益的目的。二要推动对生态环境保护损害的内部化管理。一方面，健全对生态环境保护损害的机构执行和审判衔接制度；另一方面，做好对生态环境治理和损害赔偿制度的实施与监管，增加损害生态环境的犯罪成本，达到提升生态环境质量、严控生态环境破坏、保障生态修复者的利益、实现生态产品价值的目的。

针对完善生态环境收益付费机制，必须采取市场化和多元化手段，使生态保护的权益获得补偿，调动本地市民积极参与生态环保的热情。第一，国家应当引导地方区域根据自身的供水规模与供水能力，制定有针对性的自然资源权交易制度，允许地方在节约使用自然资源基础上有偿转让取水权利。第二，国家应建立排污权有效利用的交易制度，同时推进建立社会碳排放交易机制，进一步完善生态环境受益付费制度。

（三）推动生态产品价值核算应用

首先，将生态产品价值核算结果应用于各级政府的政策决策环节，加大生态环境保护的绩效考核权重，探索生态保护成效和生态产品供给增量的绩效考核评价体系，通过对生态保护成效和生态产品增量进行等价补偿，进一步保障当地生态产品的保值、增值，以及生态产品供给的积极性和主动性。其次，未来开展生态保护和建设三期工程等生态保护工程项目时，需要参照生态产品价值核算结果，以此为依据制定生态补偿政策和制度。再次，生态保护者受益、生态产品供给增量补偿、生态环境损害者赔偿、生态产品市场化交易等领域均需要参照生态产品价值核算结果。最后，建立信息公开制度，定期向社会公开发布生态产品价值核算结果，让全社会充分掌握生态环境保护成效与生态产品供给增量情况，并持续关注。

（四）加快推动特色生态产业发展

2016年8月习近平总书记在青海考察时指出，盐湖资源是青海的第一大资源，也是全国的战略性资源，务必处理好资源开发利用和生态环境保护的关系。2021年3月，习近平总书记参加十三届全国人大四次会议青海代表团审议时，要求加快建设世界级盐湖产业基地。[①]按照建设世界级盐湖产业基地、

① 摘自新华网《大美青海：坚定筑牢国家生态安全屏障》一文。

打造国家清洁能源产业高地、国际生态旅游目的地、绿色有机农畜产品输出地的"四地"建设要求，将生态产品价值实现与该要求密切结合。生态产品的价值实现的关键问题在于平衡发展与保护的关系，当地的生态和经济需要协同发展，在保障生态安全的前提下，保证当地的经济建设和发展。

积极推动绿色生态有机农畜产品输出基地建设。青海作为我国重要的环境安全屏障，具有特殊的气候环境和高原自然环境，以及重要的自然资源优势，为建设绿色生态有机农畜产品输出地创造了有利条件。第一，确立"绿色食品、有机、自然"的新概念，把此概念视为引导农畜产品生长与发育的基本条件，通过培养与提供绿色食品，有机、优质、健康的农畜产品，从而提高农畜产品的价值，巩固脱贫攻坚成果，促进农村繁荣，实现生态产业价值。第二，以标准化、规模化、产业化推动绿色生态的有机农牧业发展。建立绿色原料标准化产业基地和有机农畜产品规范化生产基地，农牧业公司采取强强联合、并购重组等形式形成大规模公司集群，以建立行业联合，并通过产业链的扩张补齐产业链短板，统筹推进农畜产品粗加工、精深加工和综合价值开发，在实现农畜产品多元开发、综合利用和增产增值的同时，保证生产的农畜产品以同样的标准、品质传递至每个消费者。第三，借助电子商务平台、农牧业大数据平台、对口支援、东西部协作等援助平台，全力打造区域公共品牌，强化品牌宣传和推广介绍，持续扩大品牌知名度和影响力，为绿色有机农畜产品提供品牌保障，提升农畜产品的市场占有率和竞争力，实现生态产品的价值增值。第四，加大科研攻关投入力度。生态农畜产业发展需加快推进品种培优，实验和推广农畜产品增产良法。例如，牦牛产量增加并非通过扩大养殖数量，而是通过科学养殖和管理，实现有序出栏，打破"夏壮—秋肥—冬瘦—春死"的恶性循环，达到增产的目的。在特色产业方面，要形成省内外企业合作发展、联合攻关、共建合作的方式，为打造绿色产品输出地提供保障。

推进国家清洁能源产业高地建设。各省利用充足的风能、太阳能、水力、地热资源，促进生态资源的发展落实。第一，立足"碳达峰、碳中和"的发展战略，打造中国乃至世界"双碳"标杆。未来，在更长、更大时空尺度下，谋划全省清洁能源总体布局、开发规模、开发时序和重点区域，开展荒漠化地区新能源产业发展可行性研究，大力提升在国家能源新发展格局的贡献度，创新荒漠化生态修复治理的光伏路径。根据光伏建设经验，大规模光伏园区建设对改善沙漠局部气候和生态环境有积极影响，建设光伏电站是治理沙漠化土地的有效手段，加大光伏点的推进力度，筑牢生态安全屏障。第二，推进光伏扶贫，实现乡村振兴、共同富裕。光伏扶贫是推动脱贫致富的重要方式，通过政府引导、社会参与、市场化运作的方式，支持群众参与光伏发电、风电等新能源产业的发展，实现群众利益与优势产业发展的联动，以及区域可持续发展。第三，推进清洁能源产业协同发展。重点推动光伏发电和风能基地化、规模式发展；深入发掘长江上游水电发展潜能；深入推动盆地的干热岩利用，实现实验性发电并推广商业应用；进一步优化匹配规模和生产布局，建立协调配套的多元储能系统，以达到洁净燃料高效发展、高效能协同利用的目的。第四，加快推进跨区域电力外送通道建设。积极推动特高压直流工程及二期与配套洁净电源，以实现通道内满负荷送电；加速推动省内第二条特高压输电系统外送通道规划与建设工作，并加速讨论第三条跨越区域的特高压输电系统外送输电通道与配套洁净能源基地的建设可行性方案。

推动全球生态旅游目的地发展。建设全球生态旅游目的地，必须坚持"生态优先、绿色发展"的方针，发挥自然资源作用的同时，也必须承担环境保护责任，在推动生态旅游产品开发中，必须以自然资源、环境保护为基础，积极解决好自然资源、环境保护和社会经济健康发展的问题。第一，发挥生态价值，实现发展优势。通过联合当地村民的方式，带动农牧民群众积极参与农（牧）家乐、自驾营地接待、景点经营与管理等生态旅游发展项目的建设，将潜在的生态优势有效转化为生态发展的优势，逐步完成由"绿水青山"向"金山银山"的转变。第二，突出文化特色，挖掘文化内涵，提升生态品质。充分发挥农牧区地方特色文化产业、传统民族生活民俗文化、地方特色放牧民俗文化、传统少数民族工艺品文化和传统少数民族舞蹈美术等地方特色文化产业资源优势，积极建设地方特色生态文化产业旅游目的地群和经济增长极，依托地方公共品牌持续建设"大美生态旅游"等地方生态文化旅游品牌，依托各种新传媒传播平台进一步增加地方生态旅游的社会影响力和吸引力。第三，进一步整合自然生态与旅游资源，进一步优化产业发展空间的布局。形成以点带面、以线带面的生态发展布局，形成生态环境优美、民族企业文化突出、旅游功能整合、旅游服务设施齐全、地区互动密切的发展空间布局，进一步提升当地自然生态旅游、研学旅行、乡村旅游、低空旅行、自助旅行等旅游模式的综合质量。第四，建立生态旅游发展机制，推动产业融合。建立当地生态环境保护与生态旅游受益分配机制，特许经营审批、考核、退出机制，生态旅游产品和企业认证机制，从而实现生态旅游全要素配套服务，促进当地生态产品的价值实现。同时，促进生态旅游与行业融合、生态观光商品融通与业务融通，以提高生态观光商品供应与服务水平，助力打造国际生态旅游目的地。

（五）建立健全生态产品价值实现制度保障

加强环境补偿的法律保护。制定国家级有关环境的法律法规，推进生态补偿法的立法过程，从国家层面修订和完善现有《关于深化生态保护补偿制度改革的意见》等各类生态保护和管理维护的政策法规，在环境污染治理和生态保护的基础上，完善分类补偿，实施纵横结合的综合补偿，通过市场化、多元化手段促进生态保护者利益得到有效补偿，并限制和约束各类对生态环境产生破坏的主体和行为。

完善资源与环境的知识产权法律制度。逐步构建健全制度合理、操作有效、权威完善的自然生态资产产权制度管理体系；建立健全地区统一完善的确权登记和权责清晰的产权体系，用以划定和调节各类自然资源和生态资产界址和权属纠纷，并登记确认地区林区、草地、河流、湿地等重要生态资产的产权归属。

确立生态资产核算评估制度。以权威的生态资源统计数据为基础，加快建立健全科学、权威、统一的生态资产核算评估标准，在此基础上，建立健全生态环境破坏评估制度，通过法律法规、技术准则、标准规范的制定，在保证生态环境受到影响和破坏后依法依规进行处罚和整治后得到恢复和保护的同时，保障生态资产遭受破坏主体的合法权益，激励生态环境保护者和生态产品供给者持续保护生态环境的积极性。

完善生态产品有偿使用制度。一方面，实施资源税的从价计征改革，逐渐扩大资源税计征范围，并探索征收涉及碳排放、污染物排放、垃圾处理、清洁能源使用等生态补偿税；另一方面，实行资源类产品价格改革，例如，水资源、土地资源、能源、矿产资源等资源的市场化定价标准和制度，建立健全准确反映市场供需、各类资源稀缺度、生态环境破坏赔偿和修复补偿的定价机制。

强化绿色信用和绿色认证制度。各区县强化实施绿色经济生态产品信贷体系，严格履行生态产品供应者对绿色生态经济建设产品的主要责任和对有关认定组织出具权威认证结果的连带责任，制定绿色生态产品供给失信主体的惩戒规定。对于违规、违法行为的责任主体实施相应的法律法规制裁，避免因失信主体的单个行为影响到地区其他绿色生态产品的社会认可和官方绿色认证的公信权威。

由于人类对美好生活的追求，生态商品正逐步发展成由人类自然再生产和经济再生产相互交织的产物，人工生态商品也日益成为人们所需求的主要商品。所以，以马克思劳动价值理论为基点，可以把生态商品价值进一步界定为生态资源通过生物产品、人类生产，形成凝结了人类无差别的劳动并能给平原、丘陵地带来更多有保障的非实体形式和实物表现形式的经济产物。通过清晰的生态商品内涵划分，就能为山区生态商品价值实现提供运作规则、更合了市场规律的激励机制。

生态产品的供应主体多种多样，按照所有权的不同，可包括地方政府部门、农村集体或其他企业机构、私营企业。所以，一般可把生态产品分成私有型生态产品、准公有型生态产品、纯公益型生态产品。私有型生态产品所产生的正外部性功能相对较小，但效益很大，是一些市民的主要增收源泉。对于效益低下的私有型生态产品和效益难以实现的私有型生态产品，为了保障私有供应的生产积极性，地方人民政府应当采取生态补贴的方法对私人供应发展私有型生态产业予以扶持。准公益型生态产业在所属区域内可以产生正外部性经济效益，供给方一般都是由社区集体或社区组织组成的，以发展生态旅游业的方法对其资源加以利用，并能够享受到当地政府的财政补贴。而纯公益型生态产业由当地政府资金和生态系统供给，因此人们基本上每时每刻都可以共享该产业。

环境商品价值源于人们的生产劳动和生态系统的自身生产活动，其价值范围包含政治、经济社会、人文科学、文化艺术、自然资源等领域。对产权不明确的环境商品必须借助某种载体，并将该载体和环境商品相融合，以体现其价值。例如，可以通过美化自然环境，将自然商品的价格转化到土地价格上实现价值；也可以通过对传统的乡村历史基因加以保护创新，通过开发民宿、农家乐等来实现自然商品的价值。至于针对物质性的自然商品，应该采用集体组织开发来代替传统分散的家庭发展模式。

第二节　生态产品价值实现路径的优化

一、供给侧路径优化

（一）增强商家品牌意识

越来越多的消费者在购买商品时将关注重点放在品牌标志上。因此，品牌效应已经深入人心。生产者或商家应该做好产品相应品牌的推广与宣传，了解消费者购买倾向，树立品牌意识。农产品商家应该开发自有产品的品牌标识，也可与现有品牌合作，以扩大影响力，提高产品销量。

（二）加强中高端农业生态产品供给

伴随社会的发展和经济的增长，人们不再只满足于基本的物质需求，而是对生活有了更高的要求。具体在农产品方面，更多的用户对高端农产品提出要求，但这些高端农产品供不应求。为了缓解这种紧张的供需矛盾，可以从以下几方面加以改进：第一，增加中价位农产品的种植面积，通过增加种植面积来提高农产品的产量，从而使更多的产品进入市场，以解决供需发展不平衡的问题。第二，加大对农产品技术的投入力度，包括对优良和改良品种的早期培训、科学技术规划进程、综合农业机械的发展，以及农产品的科学化和标准化生产。农产品包括目前最受欢迎的绿色有机农业，它有一个庞大的消费者市场，利用技术力量生产符合消费者需求的产品，扩大了农产品的高端市场。中大型农产品的价格远高于正常农产品的价格，甚至高出好几倍，因此要实现规模化、集约化生产，形成规模经济效益。

（三）完善农业生态产品营销体系

农业生态产品营销体系与传统的农产品营销体系有相同的地方，也有不同之处，区别在于农业生态产品营销体系凸显了产品特性和品牌特征，树立了品牌形象，使消费者能够准确识别该产品。必须改善传统农产品营销体系，配备专业的营销队伍，调整和改造传统农产品营销与经营模式以满足市场需求。结合"互联网＋农业"模式，建立线上线下双轨制营销模式，方便农产品销售，促进农产品价值增值。

可以通过开发品牌广告系统，强化农业生态产品的品牌价值，吸引更多的客户。可以依靠政府通过劳动补贴、促销等吸引专业营销团队，对品牌、包装、农民等采取系统性营销举措。尽力开发，以尽量降低营销成本，最大限度地提高利润，最大限度地提高农产品的价值。同时，业务团队和成员需要定期接受培训，使营销系统适应市场需求。农产品还需要有相应的网上销售平台，整合网上经营资源，为不同消费者开发不同的营销模式，提高农产品的个性化特征。

（四）生态产品认证和标准确立

政府应制定系统管理的标准、资格和公认制度，制定生态系统评估指标目录和验证，改进生态产品的实际评估和机制，加强对研究机构和数据基础设施的支持。

生态产品认证需要明确界定不同生态产品的产品标准。产品标准通常以国家或行业标准为基础。但生态产品是多种多样的。在制定标准时，可能没有制定国家标准，也可能无法突出这种生态系统的好处。在这种情况下，必须建立企业标准。为了提高生态产品的价值，既定的企业标准必须高于国家标准，具有生态产品认证及符合相应标准的环保产品，在市场中更具竞争力和生态溢价。

（五）品牌建立

一般来说，生态品牌的定位可以分为特定品牌和地方公共品牌。特定品牌通常是具有特殊文化价值的无形资产，其特点是具备清晰、抽象、可识别的概念，与传统文化、先进技术、情感语言、产品设计等不同，在人们的意识中占有一定的地位。而生态产品品牌的开发始于建立企业标准，将小型、分散和弱品牌融入大型和本地公共品牌。通过统一标准、规范和管理，提高社会认识和吸引力，最大限度地实现生态产品的价值，从而改善产品营销环境。

地方公共品牌是基于生态和可持续性原则的系统开发是基于资源环境、生态系统要素和产品开发的具体要求的专用品牌。地方公共品牌的建立往往比经济产业品牌具有更大的影响力和范围。例如，公众形象可以促进当地有机产品、国家绿色食品和有机产品出口区的建设。

应通过如下两种方式加强对政府一级生态产品品牌建设的支持：第一，市场监督需要更多地支持环境友好型生物标识的建设，并鼓励对生态物质产品进行有限的公共登记；第二，政府宣传机构应建设一个平台，提高生态产品品牌的知名度，扩大产品的影响力。

（六）产品价格和目标客户确定

对生态产品的市场溢价必须基于消费者的消费习惯调查，并根据权威的绿色产品认证确定直接交易的市场价值。因此，在生态产品供给侧路径优化的过程中，要明确消费者支付生态产品的意愿，并根据产品认证、规范、品牌建设等实际情况来确定适当的产品价格，这是生态产品增值的一个重要组成部分。以三江源生态农畜产品为例，中国中部地区对三江源生态农畜产品购买意愿要高于东部和西部地区，因为中部各省份的自然条件与三江源地区相比存在较大的差异，使各类生态农畜产品较自身相关产品差异性较大。同时中部地区与三江源地区的空间距离较近，对中部地区的吸引程度要高于东部地区，加上三江源地区具有明显的生态优势，使中部地区消费者具有更高的支付意愿。据此，为了实现此类生态产品的生态价值，需要建立相应的生态产品参照系与衡量标准，避免与邻近省份存在同质化竞争，基于自身生态环境优势，借助绿色产品认证手段来进一步增强当地生态产品认可度，同时也要加大宣传力度，关注受教育水平较高的中产阶级，将他们作为生态产品的目标客户群，为他们提供高品质的生态产品能够有效地提高生态产品的知名度，以此增强消费者对生态产品的支付意愿。

（七）市场交易平台建立

构建农产品市场交易平台主要是为了传播行业、企业、产品等方面的权威信息，协调产品价格，在合理的区间范围内进行调整。市场必须根据广泛的生态农产品和市场调研结果，确定各类生态农产品的价格，利用各级市场份额，通过互联网、地方市场和跨境贸易市场等各种平台和手段，完成这些优质生态产品的市场交易。一方面，生产者可以获得比以往任何时候都更高的收入；另一方面，可以通过向客户提供真实信息和一系列服务来提高生态产品的价值。

（八）发挥政府主导作用

实现生态产品的价值作为制定政策的领导作用，是生态产品价值带来的制度供应、监管机构和执行机构。首先，政府是生态产品价格上涨的协调机构，需要通过法律和行政手段避免侵犯生态产品所有权，维护无害生态产品市场活动的公平性。其次，政府必须确定市场在资源配置方面的关键作用，以建立有利于政府充分运作的社会主义市场体系，为生态产品的直接贸易创造良好的体制环境；政府应再次注重生态产品的供应和消费，并在最高级别上设计生态产品的直接市场交易，包括支持标准、产品认证、品牌和广告。最后，政府应修订和完善行政法规，制定明确的交易规则，建立适当的运作机制，运用有效的政策手段，促进和保障生态产品的生产、消费和增值。

（九）探索开展碳汇交易合作

按照生态环境部的工作规划，2021 年开始全面建设二氧化碳排放交易市场。同时，中国计划到 2030 年前二氧化碳排放量达到峰值，到 2060 年前实现碳中和。

草原、草甸、湿地等生态经济带和水涵养生态管理带是我国生态环境保护的重要组成部分，它们在促进和预测全球气候方面发挥着重要作用，是世界主要的生态适应区，具有天然的、理想的固定碳容量和用于固定碳排放交易的资源条件。因此，碳排放交易对经济发展和实现经济价值至关重要，具体如下。

1. 积极参与国家碳贸易

在政府政策支持的现有碳排放交易框架的基础上，鼓励以国家碳排放交易为基础的企业优先购买碳排放，实现碳排放、碳交易和中国核证减排量目标，实现市场收益和相应的减排支付。以投资能源和资金保护环境，恢复和提高生态质量，增加碳总量，充分利用碳市场，建立先进、多样的生态补偿机制，最终形成积极的生态经济循环等目标为基础。

2. 利用碳中和的可能性达到的价值

通过二氧化碳排放目标，政府将各省份的二氧化碳排放总量分割开来，使社会所有成员都参与二氧化碳排放的过程；在努力实现二氧化碳目标的基础上，通过碳排放交易扩大固定二氧化碳的潜力和增加二氧化碳的价值；气候条件、敏感的自然环境、人造森林的建设难度、一定条件下植物生长缓慢等都需要考虑，并在一定程度上延长二氧化碳减排方案的期限。

3. 促进绿色金融与碳排放交易之间的创新合作

为生态系统的再生和生态系统服务提供无害环境的保险、碳排放、商品、信托和融资服务，如无害环境的产品、碳排放、生态服务和金融服务，以促进国家发展目标，共同扩大地方金融机构的碳平衡和二氧化碳披露服务，以提高地方生态系统和经济发展的价值。随着我国特色社会主义市场经济的蓬勃发展，生态产品市场化程度也将日益增强，需要探索完善的市场交易机制来实现生态产品的价值。

（十）构建人才交流合作机制

首先，基于发达省份的人力资源优势，加大对专业人员的培训力度和继续教育，促进当地人才的培养和发展，包括通过职位调整、生产技术领域的合作和有针对性的继续教育，以解决人才短缺问题，并建立国际人才合作机制；其次，建立人才长期稳定合作机制，加强知识共享领域合作的力量和密度，促进人才跨界交流和与顶尖力量的互动，促进环境保护和绿色发展措施；最后，与各省合作，对各种流域管理和建设人才进行培训，为相关专业人员组织培训和技术交流，并在各省份之间共享环境管理、检验技术和具体数据。

（十一）发挥政府主导优势，推进单项补偿向综合性补偿转变

当前纵向生态补偿形式主要是单项补偿模式，存在低补偿、资金分散转移、一体化问题补偿困难等问题。改善生态产品的供应机会，开发生态产品，以及需要从单一环境补偿过渡到全面生态补偿。通过总结中央和地方政府以往的纵向生态补偿政策和手段，形成了生态系统管理机制，为生态产品的生产与管理提供了必要的资金支持，使地方政府掌握了充足的资金使用权，最终对生态产品价值实现价值机制的建立产生了最大的影响。主要原因如下。

（1）通过制定纵向生态补偿办法，建立机制，加强国家政府行使自主权并从中受益，加强各省份的环境保护举措，充分发挥相关政府部门的职能，为生态产品价值实现提供必要的保障。

（2）从临时预算编制和控制入手，整合政府资金。一方面，各省级政府需要优化预算，整合各级和通过各种渠道提供的资金，并统一使用；另一方面，各省级政府统一筹资渠道，整合相应的生态补偿资金，提高生态产品资金利用率。

（3）利用地方财政在补偿资金筹措方面的动态作用，为环境项目、产品项目等方案的合作积极提供平台。通过社区、企业和当地居民等渠道筹集资金，并根据项目环境的差异实施多元、灵活和广泛的退款模式，主要方式包括奖励、信贷支持等。

（十二）建立纵向生态补偿资金利用绩效评估机制

如何利用合法手段管理生态系统，需要相应的绩效评估机制，通过维持纵向生态补偿，有效改善生态产品的供应，最终实现当地生态产品的价值。从整体发展来看，黄河生态效益的实现，建立经济环境影响评估机制需要建立激励机制，以促进生态系统的供应和增值。纵向环境补偿资本使用绩效评价体系的建立，必须建立环境服务提供的价格体现的正面鼓励和反倒扣的双重制度，实现奖优罚劣，是综合性生态补偿的重要环节。主要原因如下。

（1）量化生态产品的价值，衡量生态产品供应量，制定科学合理的补偿标准，为生态补偿资金的分配和使用提供咨询意见。

（2）构建与生态产品供应和融资相关的绩效评价体系。建立由补偿指标、激励指标和补偿因素组成的评估体系，以动态评估和管理生态产品供应的逐步增加和补偿成本的资金利用。

（3）建立激励管理机制，有效利用环境推进资金，促进民众参与环境和产品的长期供应，建立长期监测和评价制度。当环境效率不断提高，相应地，环境商品供应也会有所增加，从而能够得到更多的生态补偿。如果是这样，采取相应的措施就会使其更为高效。

（十三）优化营商环境，培育市场主体

旅游业是很多省份现代服务业的龙头产业，生态旅游是实现生态产品价值的关键手段。生态旅游为中国本土和海外的旅游者创造高端旅行感受，因此先要营造社会市场化、法律化、国际性的经营发展环境。对国家、民营企业、外商投资等各类所有制公司产权和自主经营权实行法律上公平保护，保障生态旅游市场公平的法治环境，鼓励企业创新发展，并保障其知识产权，形成公平、稳定、持续向好的营商环境。

"绿水青山"就是"金山银山"，不仅是自然资源，也是社会资源、文化资源。和其他类型的物质资源不一样，生态资源中所拥有的丰富人文产品、观光产品并不能够直接获得经济收益，但是只要创造良好的环境，就可以将宝贵的自然资源转变为重要的社会资源，以此实现生态产品的经济价值。同时，在生态产品价值实现中，也要引入国内外先进的项目公司，充分发挥其在设计

开发、品牌塑造、渠道建立、市场推广等领域的优势，促进生态旅游行业蓬勃发展；扶持省内文化旅游企业，支持各类文化旅游协会和联盟的进一步发展，并调动其参与生态旅游产业发展的积极性与热情，依托优势资源搭建生态旅游市场平台，全面提升生态旅游服务的能力。

（十四）引导社会参与，实现共建共享

引导社会各界积极投身生态旅游行业。一方面，积极引导国内、省内各社会机构或组织投资生态旅游资源开发、景点运营和产业项目建设，实施绿色旅游生产运营和绿色旅游公司认证管理机制，实施特许经营方式等的市场发展准入、监督管理与退市管理机制；另一方面，积极带动社会和市民投身生态旅游建设、经营和服务，同时参与生态环境保护工作。研究构建生态旅游、生态建设补偿制度，进一步健全生态环境保护、生态旅游收益分配和激励约束制度，以实现与当地政府、企业、普通市民和旅游者共享全球重要生态旅游目的地的建设成果，使生态观光产业发展成巩固农村脱贫攻坚战成效、促进城乡振兴发展的重要战略性产业，共同促进农牧区内文化美术、农村地区教育、卫生条件、水电供应、交通运输金融、邮政通信等重要基础设施公共服务事业和生态观光景区的建设与发展。

（十五）生态旅游的基础设施与服务建设

1. 完善基础服务设施

配合旅游资源开发的基本服务建设方面，从居住、用餐、交通、咨询、休闲、购物、加油充电等各服务行业出发，按照以下标准完善基本设施和旅游配套服务设施：建立高标准游客咨询服务中心、导游咨询服务站、紧急救护服务中心、多语旅游标识牌的全面覆盖、高山室外活动大本营、自驾游房车大本营、低空飞机大本营、停车位、游客公厕等，以可持续发展、节能、生态为原则，探索生态住宿、绿色餐饮、共享交通等多种业态。

由于生态旅游地区生态环境脆弱，其基础设施建设具有明确的要求和一定的限制，在生态旅游区进行配套设施建设需要当地政府和监管部门在明确的建设标准和环保要求下审批立项，杜绝对生态环境存在影响的项目开工建设，相关配套产业和设施可以集中在县城和村社打造，一方面能够避免内部生态环境受到影响，另一方面也能创造大量就业岗位，提升当地社会经济水平和居民生活质量。

2.对标国际服务标准

全面提升生态旅游服务国际化、标准化、信息化水平。以国际标准建设生态旅游标志牌、安全救援、导游导览、医疗应急、志愿服务等旅游服务体系。因生态旅游地区自然环境特殊性，需加强旅游安全管理，建立突发事件应对处置机制和旅游安全预警信息发布机制，加大投入建设旅游应急救援基地的力度，从通信、监控等科技层面保障旅游安全。

3.重视生态旅游科技支撑和智慧服务

通过技术创新，将现代互联网、5G通信、大数据应用、电子商务等科技应用融入生态观光、生态休闲、生态环境保护、生态科普教育、生态文化演出等生态旅游产品中，增加生态旅游产品的科技内涵。借助科学研究和技术研发，为污染物处理、生态修复等项目的研发提供技术支持，确保当地生态环境不会因为生态旅游产业发展受到影响。实现风能、太阳能等清洁能源在景区的充分利用，突出绿色、生态、环保的特点，积极推进生态旅游的产业生态化和低碳化建设。

借助信息技术，建立联动的智慧旅游大数据平台，同时接入气象、交通、应急、卫生、公共安全等数据，实现数据在地区的互联共享，保障游客参与生态旅游时的用户体验和安全[①]。利用全生态旅游景点的资源优势，搭建了全生态旅游景点预约平台，进行旅游动态监管，以保证游客良好的出行体验，在景点生态承载力区域内开展流量监测和分时段旅游，同时通过智能平台向旅游者提供智能导览的智能化服务，并严格履行"限量、预约、错峰"的景区管理要求。同时，向旅游者开放了网上查询预览、在线预订、网上支付等快捷方式，向旅游者提供更多的智能化和个性化服务。

4.强化生态旅游人才培养

为适应生态旅游行业需求，要从以下几方面强化人才培养：第一，必须

---

① 王宇飞，武红.赋能区域公共品牌，实现生态产品价值：浙江丽水品牌建设的经验和启示 [J].中国发展观察，2020(C1):108-111.

从自身入手，开设专业技术人员培训和研修班，立足本土人员，夯实未来生态文明旅游发展的人力资源基石；第二，积极利用各种人才引进手段解决高端人才短缺的问题，制定使相关专业人才"安下心、留得住"的薪酬体系和优惠政策；第三，完善对口扶持人才支援制度，大力吸纳高素质科技创业团队，通过引导、促进、影响等作用在支持发展本地生态文化产业的同时，帮助企业培训本土专业从业人员，从而实现人才的良性循环，逐步培养建立一个由生态文化旅游研发人员、环保技术人员、运营管理人员、市场营销人才、导游解说人才等专业人员组成的人才队伍，同时对人才队伍开展国际礼仪和外语服务水平培训。在当地成立生态观光的义工团队，围绕文明指导、旅游讲解、紧急救助、生态环境保护与监测、旅游咨询服务等方面进行志愿服务，并形成多语言的志愿服务团队，进行"人人都是生态旅游大使"的生态旅游志愿服务等公益活动，以全面提高生态观光服务质量，积极推动生态观光的人才培养工作。

5. 打造生态旅游高端定制体验

生态旅游对交通工具、医疗卫生、安全保障等旅游保障需求较高，高标准的住宿和餐饮条件能使旅行体验更加美好。首先，通过高标准的服务给顾客提供高端旅游体验，进而获得更高的旅游收入和提升游客的满意度。其次，高端定制旅游能够更好地集中力量服务顾客，在做好特定旅游服务的同时，保障游客的人身安全和身体健康，并收获良好的口碑和流量，提高知名度，扩大影响力，最终吸引更多游客并获得可观的旅游收入。最后，高端定制旅游代表对游客的管理是即时、有效的，很大程度上降低了游客破坏生态环境的潜在风险，缓解了生态旅游产业发展与生态环境保护之间的矛盾，从旅游活动开始，既保护了生态环境，也提升了游客的旅游体验，是地区生态文化产品价值实现的有益探索和尝试。

6. 推动自然生态旅游教育和科研合作

建立自然生态环境研究基地、生态旅游宣教中心、科普培训基地和生态文明实践教学基地，采用地方特色自然生态作为培训课程，配合利用现代科技手段与平台，向旅游者宣讲景点自然生态的保护，强化旅游者环境意志，增强旅游者环境保护意识，确保自然生态的不断恢复与提升的能力，提升环境资源效益。

发挥生态文化产品的科研文化价值，构建跨地区科研合作模式。一方面有助于提升社会认知度和生态旅游收入；另一方面，借助其他地区科研力量与科研部门的合作，有助于进一步掌握实际情况、提升科研水平和科研成果质量。通过吸纳和支持有关科研机构到中国开展科研工作，建立国家重点实验室、生态环境治理研发中心等科学技术平台，通过吸纳有关科研院所参加中国国家公园研究院的筹建和科研工作，由政府给予政策支持与保护，以增强对自然资源环境保护的技术保障，并努力克服中国自然资源在生态承载力、灾害安全性、环境资源开发途径等方面的不足，为打造国际生态旅游目的地做贡献。

7. 加强生态旅游品牌的宣传推广

利用地方的生态文化品牌优势，避免出现各县"单兵作战"的推广做法。首先，通过中国青海结构调整暨投资贸易洽谈会、文化建设旅游节、国际生态论坛、环湖公路自行车赛、世界城市公园论坛等重大活动，示范、传播、推广地方生态文化旅游品牌；其次，在各生态景区完善旅游服务中心设置制度，加强景区内关于地方的自然风光、民族文化建筑、宗教、民俗美术等内容的普及与传播工作的同时，对地方自然环境保护等旅游法规的宣贯工作进行完善，以确保旅游者遵守当地的有关旅游规定；再次，进一步加大生态旅游网、微信、微博等互联网职能渠道的宣传推广力度，通过视频、直播等新媒介形式传播有关地方的自然风光、民族宗教文化、地方自然环境保护等重要资讯；最后，通过与国内外的生态旅游协会、野生动物保育学会、环保机构、中国海外旅游集团等相关机构进行国际交流合作，以推动中国生态旅游的国际开发。

（十六）建立健全生态化产品价值实施的法治保障

完善有关生态产品的法律，制定水污染管制和保护绿线的法律，解决缺乏相关立法的问题，从根本上确保生态产品的供应和生产。加快制定提高生态产品价值的立法。及时研究制定环境补偿立法和特别安排，以探讨四个明确指定的生态保护区内环境补偿的具体承担者、范围和方式，进一步探索体现生态价值和代际补偿的水资源补偿机制，以及体现森林、草地、沼泽、河流、河流环境价值和总体补偿的资源利用和环境补偿机制，并加快建立一个综合系统，以便实现环境保护赔偿的全覆盖。加快建立全面的环境保护制度，促进管理制度改革和管理现代化，将资源生产及其产品价值的提高纳入评价制度，严格履行公共行政中心的环境责任，对资源管理进行独立审计，统一自然资源资产负债表，确保实现资源产业价值的适当机制。

（十七）土地利用优化及生态产权交易

城市地区根据土地利用效率，分布到不同地区能够提高整体的经济效益。大规模的城市化扩张会浪费巨大的土地和森林资源，导致土壤丧失生态服务价值，特别是在人口密度高的中国。土地利用优化作为土地利用管理的中心工具，在保持生态系统服务与经济效益之间的平衡方面发挥着重要作用。优化土地利用的早期模型侧重于不同类型土地利用的数量分布。中国的特殊情况决定了保护土地最严格规定的必要性。新增加的土地总量面积将根据《中华人民共和国土地管理法实施条例》和《中华人民共和国土地管理法》的规定计量。

二、需求侧路径优化

（一）发展农业生态产品体验经济

除了通过农产品信息中心获得相关产品的信息外，消费者还可以获得原材料生产、更直观和更接近农产品生产过程的信息，以及关于生产来源、加工方法、销售渠道等方面的信息，使消费者购买最适合其需求的产品。现在的游客可以认领种植农产品，并获得唯一的溯源信息，能查询到以养的农产品的相关信息。此外，在大力发展农业旅游的过程中，鼓励农牧民邀请游客参观种植园、养殖场，举行各种形式的采摘活动，使游客深度参与、体验农牧民的日常生活和工作，更好地了解产品制造的过程，最终更好地销售产品。

通过访问农业生产基地，消费者不仅可以购买农产品，还可以了解最新技术和当前环保生产模式，改善农产品的传播途径，提升农产品的价值。这场运动的主体是当地政府和农牧民。政府为价格补贴、基础设施建设等提供资助，同时加大宣传力度，吸引更多的人。

（二）拓宽农业生态产品购买渠道

消费者是整个渠道运营的关键组成部分，其有权选择或不选择某种产品。对于主要农作物，消费者会根据自己的喜好和实际进行选择，还可以改变购买农产品的方式，通过线上、线下等多种方式进行购买。线上销售不仅受时间和地点的限制，而且受产品类型的限制，但线上销售传播路径广，客户群体多，资金回笼有保证，运营成本低。此外，在农业生态旅游中，让游客自己采摘也是一种新的促销手段，让游客深切体会农产品采摘的乐趣、付出的劳动和收获的喜悦，从而增加购买机会，提升农产品的价值。

（三）建立完善绿色金融支撑机制

绿色金融支持机制可以发挥其在资金融通、能力建设、知识推广、风险补偿等方面的优势和作用，支持生态产品价值实现，撬动规模化社会资本投入促进经济高质量发展的生态产业上。由此可见，绿色金融体现了农产品的生态价值，提供了投融资方法。通常，绿色金融包括绿色信托基金、绿色债券、绿色基金、绿色保险和绿色批贷。绿色基金的设立可以为外部业务单位提供担保和投资补贴，帮助金融机构引进创新融资产品。促进社会资本积极参与环境补偿可以作为生态产品增值的基础。

（四）创新生态产品市场交易平台

随着中国市场经济扩张的蓬勃发展，市场规模进一步增大。必须发展完善的市场交易机制，提高生态产品的价值，特别是通过建立面向市场的公私合作机制，建立面向市场的交易，而不是环境保护行政补偿，以及建立基于排污权、能源、水权和森林管理的贸易制度。

建立面向市场的公私合作机制。这种生态补偿机制可以用于宣传权威产业、企业、产品等信息，统筹产品价格并在合理区间调整等功能，不仅能够减轻政府的压力，也能够增加生物产品的库存，有助于增强社会资本的活力。实际上，一个以需求为导向的公私合作体系需要平衡市场环境，明确准入要求，调动民间机构积极参与生态市场的管理。完善公私伙伴关系项目和民用项目的准入和退出制度，以便在更严格的体制保护条件下吸引额外投资，从而确保生态系统的增值。

建立以市场为基础的交易，而不是环境保护行政补偿。当前，我们的大部分环保补偿计划是由政府控制的，是反应性的、补贴性的和义务性的。这种以财政为导向的生态补贴，其基础是财政紧缩、缺乏稳定的资金及村民对保护自然环境的激励措施调动不足。因此，有必要采取个别直接交易、定额交易、生态采购、生态产品认证等市场导向办法，以替代行政生态平衡所做的努力。因此，环境补偿不仅是金钱形式的，还应该是物质形式的。

建立基于排污权、能源、水权和森林管理的贸易制度。虽然排污权、能源、水权和二氧化碳排放的样本很多，但效果并不明显。这主要是发展滞后，体制建设、平台开发、技术研究、财政政策等方面难以取得实质性的进展。因此，我们必须建立一个强有力的排放权、水资源和碳排放交易制度，以便充分发挥市场调节作用。

（五）培育和拓展生态文化服务产业

绿水青山既是天然资源，也是社会资源、文化资源。虽然和其他类型的物质资源不一样，自然系统中丰富的人文观光领域的产品不能够直接达到其经济效益，不过只要创造良好的环境，就可以把宝贵的天然资源转变为重要的社会资源和经济价值。千姿百态的自然环境吸引着人们去观赏观光，又鼓舞着人们去尝试征服，这就给观光娱乐和户外运动体育类项目创造了广阔的天地，相伴而来的就是生态人文旅游观光产品领域的蓬勃发展。在鼓励和发展生态人文观光和户外运动体育产业领域，各级人民政府和相关单位出台了许多优惠政策并获得良好的实施效果。与此同时，我们要清醒地意识到人的行为必然会给生态系统带来干扰和损害，所以处理和维护好自然与经济发展的关系，是开发自然旅游领域研究的基础课题。

（六）因地制宜发展特色生态产业

不管生态产品有没有经过验证，其最终的表现都来自市场的反馈，尤其是在其售价普遍超过同等的非生态产品的时期。此时，引领和提高消费者对生态产品的接受程度就变得十分重要。所以，要进行更广泛、更深入的宣传教育，积极转变中国公民的传统消费行为方式，促使他们更多地树立绿色生态的消费理念，乐于选择更多的生态产品。

（七）游玩时注意生态修复与补偿完善

中国自然环境日益破坏，土地资源越来越短缺，人地问题尤为凸显，通过把环境和土地资源生态产品价值化，进行环境和土地生态的量化，可以认识到环境保护的重要意义，并且有效地解决土地使用中出现的各类环境问题，以此平衡各区县经济效益和环境利益。通过把环境恢复、生产开发和环境产品市场价值进行"统一策划、统一执行、统一见效"，完善调整恢复区土地空间规划，明确恢复区所有权，引进社区力量投入，不断进行矿坑环境恢复和后续生产发展，将矿坑遗址转化为环境好的 5A 级景点。生态修复与补偿完善促进了周边地区开发的力度和土地溢价，实现了环境、企业、社区的整体价值。把周边区域打造成湖阔景美的城市湿地公园，给区域带来高品质的环境资源，同时促进区域工业发展提升和农业繁荣，保障耕地所有者的权利，体现自然资源本身的意义。借鉴湖北鄂州市的经验，让"生态优先、绿色发展"的理念在当地深入人心。统一计量区域内自然与生态体系所带来的各种公共服务与功能，并把成果应用到不同区域间的环境补偿，从而使"好山好水"都有价值体现的渠道。

（八）多尺度量化

多标准决策分析是一个用于分析复杂问题（包括无法同时实现的多个目标之间的妥协）的结构化方法的通用术语。它可以从不同角度提供全面的透明度较强的评估方案，并系统地评估备选方案。通过动态优化和模型模拟，研究了树林系统服务与渔业生产之间的发展关系，并就实际管理提出建议。原先在优化决策中考虑的平衡已成为可持续发展研究的主要领域之一。根据生态系统服务概念的区分和协同平衡，科学家们开始评估包括森林、田地、流域等在内的生态系统服务之间的联系。同样，在选择提高区域生态系统产品价值的途径时，必须考虑到生态系统管理的多种规模，并了解生态系统管理的内在复杂性，以减少平衡的影响，最大限度地发挥生态系统服务的价值。该区域通过生态系统服务价值模型、相关系数和二元空间模型，从全球、国家和地方角度衡量生态系统服务的价值。为了实现区域生态产品的价值，必须从多层面、全面的角度评估生态系统服务的有效性和损失，以确定生态系统服务贡献之间的平衡，这对优化和规范区域可持续性发展具有重要的意义。此外，水文系统区域可为从生产角度评估水文服务提供统一的计算方法，从而为保护和管理水生态系统多样性提供宝贵的理论基础。

（九）生态补偿机制完善

积极探索环境经济价值核算方式，通过统筹计算为自然生态环境系统带来的各种服务水平和奉献，并将成果运用于各地区间的环境补贴中，使"好山好水"都有价值体现的途径。把环境价值工程分成了以下四大环节：①资源调查和确权，摸清家底，奠定了环境经济价值体现的基石；②环境价值计算，把为自然生态环境系统带来的各种服务水平和奉献，统筹计算为无差异的货币单位；③环境经济价值运用和实施，把价值计算的成果运用于不同区域间的环境补贴；④组织考评，推进生态责任化机制。

经过环环相扣的制度设计与试点摸索，在努力破解环境痛点的同时，探讨建立推进环境产品供给和人生价值体现的有效激励机制：①进行资源测量与确权记录；②运用当量因子法进行环境价值核算；③推进环境补贴和环境利益显化；④推进环境职责规范化。

主要成效：①环境产品供给逐年增长；②环境产品价值实现渠道逐渐通畅；③使环境优先、绿色的价值观深入民心。

（十）宣传生态修复与产品价值

由各省（区、市）国土资源局土地资源管理中心代表政府担任项目经理，负责分区设计、矿产资源管理、项目融资和桥梁企业项目设计，全面促进环境管理、生态修复和综合开发，以及生态修复和保护措施。海洋环境管理促进深海海底区域资源的可持续利用，促进本区域公共设施项目的全面发展。

以储量为基础，全面推进海湾地区的整体发展，为改善生活条件和生态资源奠定坚实的基础，改善交通基础设施，创造自然景观流。

（十一）深入开展生态产品价值实现理论研究和价值核算研究

在实践中，生态系统的理论研究已经摒弃了实际工作。一方面，从多个部门、省份和不同方面探讨了生态产品增值的途径和模式，从不同角度调查、协作、提取、发布典型案例，总结各种生态产品及其增值潜力。虽然目前生态产品生态系统价值、生态系统增值等相关理论探索十分丰富，但学者们表示，迄今尚未就意义、外推法、联系等相关概念达成共识。此外，在生态的法律基础、经济基础和原则及其增值的基础上，学术界进行了深入研究。另一方面，在计算生态产品价值和研究标准时，由于知识、部门和计算方法不同，结果大相径庭，部分抑制了明确方向的应用。

因此，我们建议对生态产品增值进行理论和计算基础研究。第一，提高全社会对生态产品价值的认识。只有当生态产品的价值得到整个社会，特别是消费者的认同，生态产品的价值才能真正参与国家经济分配和进入更广泛的经济循环体系。第二，对生态产品的价值进行评估，将生态产品的价值与专家组和生态系统服务的价值分开，并制定比较统一的生态产品价值评估体系，以制定符合区域经济发展水平的多样化计算标准。

（十二）对接国际话语体系，发挥基于自然的解决方案的重要作用

以自然为基础的解决办法是保护、可持续管理和恢复自然及不断变化的生态系统的措施，这些措施能够有效和适应性地应对社会挑战，同时提供生物多样性的福利。我们必须认识到，自然解决办法是解决全球问题和挑战的标准、工具和方法。它们从自然生态系统本身开始，指导自然资源管理程序，以便利用生物产品价值的路径选择和可持续发展。

结　语

　　探索生态产品价值实现，是推动"两山"理论转化的核心是建设生态文明的应有之义，也是新时代必须完成的重大改革。不同地区的资源禀赋和经济状况具有明显的差异性，各个地区如何兼顾生态保护和经济发展的关系，因地制宜地选择生态产品价值实现路径是当地政府迫切需要解决的问题。因此，不同地区应根据实际的资源和经济情况，探索有效的生态产品价值实现路径。例如，东北地区可充分利用丰富的自然资源优势，按照产业化规律推动生态建设，按照市场化经营的方式提供生态产品和服务，推动生态要素向生产要素转变，促进生态与经济良性循环和发展，推动生态产品价值实现；中部地区应当以政府引导为主，积极吸引社会资本进入生态补偿市场，充分利用金融资本构建多元化、市场化的生态补偿机制；东部地区可以进一步明晰生态产品产权所属关系，健全相关制度设计，吸引社会机构资金参与开发生态产权交易产品，有效构建准公共生态产品市场交易机制；西部地区应通过实施天然林保护、石漠化治理、湿地保护修复、山水林田湖草综合治理等一系列生态保护和修复工程，提升生态系统的承载力，提高生态产品供给能力，在构建国家生态安全屏障的同时促进生态产品通过市场交易实现价值。

参考文献

白臣,2020.绿色发展视域下生态产品价值实现机制研究 [J].产业创新研究 (22):34-35+38.

陈军,王小林,刘志丽,2020.生态产品区域合作供给:逻辑、本质与机制 [J].湖北经济学院学报,18(5):69-77.

陈征,2005.劳动和劳动价值论的运用与发展 [M].北京:高等教育出版社.

陈静,2022.碳汇生态产品价值实现路径研究 [D].杭州:浙江大学.

陈宇,2020.金融助力生态产品价值实现 [J].中国金融 (17):102.

陈勇,2020.森林生态产品价值实现机制构建 [J].乡村科技,11(23):63-64.

陈薇,2020.江西资溪:生态产品价值实现路径的有益探索 [J].绿色中国 (24):64-69.

陈清,张文明,2020.生态产品价值实现路径与对策研究 [J].宏观经济研究 (12):133-141.

蔡莎,陈绪敖,2022.多主体参与生态产品价值实现:逻辑、诉求与模式 [J].湖北农业科学,61(16):214-218.

程文杰,孔凡斌,徐彩瑶,2022.国家试点区森林调节类生态产品价值转化效率初探 [J].林业经济问题,42(4):354-362.

杜傲,沈钰仟,肖燚,等,2023.国家公园生态产品价值核算研究 [J].生态学报 (1):1-11.

杜林远,2022.湘江流域生态产品价值实现的国际经验与路径启示 [J].海峡科技与产业,35(10):33-36.

丁艳,2022.生态产品价值实现的现实困境与破解对策研究 [J].四川环境,41(4):285-291.

戴星翼,俞厚未,董梅,2005.生态服务的价值实现 [M].北京:科学出版社.

方锋,2020.长株潭地区生态产品价值实现的路径选择研究 [D].长沙:湖南农业大学.

方敏,2020.生态产品价值实现的浙江模式和经验 [J].环境保护,48(14):25-27.

方印,柯莉,2022.生态产品价值市场化实现:需求导向、定价方式及制度配置 [J].价格月刊 (11):28-37.

桂华,杨梦婷,苏星,2023.项目级生态产品价值核算方法学研究 [J].节能与环保 (1):29-31.

高晓龙,程会强,郑华,等,2019.生态产品价值实现的政策工具探究 [J].生态学报,39(23):8746-8754.

郭滢蔓,王玉宽,刘新民,等,2020.都市区生态产品价值实现多元化途径 [J].环境生态学,2(9):38-44.

郭瑞雪,李树枝,张丽君,2020.略谈耕地生态产品价值的实现方式 [J].中国土地 (11):42-44.

黄叶萍.,2022基于环境重置成本法的古旧村落生态产品价值实现研究:以甘南扎尕那为例 [D].

兰州:兰州财经大学.

姜玲珍,吴康勇,2021."两山银行"搭建生态产品价值实现桥梁[J].浙江经济(12):74-75.

敬定乾,王孝德,王亚林,等,2023.山区撂荒耕地生态产品价值实现路径探索[J].中国国土资源经济(1):53-59.

吉富星,2022.流域"准市场化"治理与生态产品价值实现的探索[J].甘肃社会科学(5):206-216.

矫雪梅,张雪原,孙雯,等,2022.生态产品价值在国土空间规划中落地难点与规划应对[J].城市发展研究,29(9):50-55.

冀文婷,2022.大连市陆域生态产品价值核算研究[J].现代营销(下旬刊)(9):56-58.

金晶,郑剑侠,2022.宁波市生态产品价值核算研究[J].浙江国土资源(8):30-32.

焦晓东,2021.生态产品价值实现案例分析:"篁岭模式"的经验与启示[J].环境与可持续发展,46(6):105-108.

刘伯恩,2020.生态产品价值实现机制的内涵、分类与制度框架[J].环境保护,48(13):49-52.

刘江宜,牟德刚,2020.生态产品价值及实现机制研究进展[J].生态经济,36(10):207-212.

刘向敏,2020.生态产品价值实现视域下矿山废弃地生态修复与重建[J].中国矿业,29(11):72-75+81.

刘耕源,王硕,颜宁聿,等,2020.生态产品价值实现机制的理论基础:热力学,景感学,经济学与区块链[J].中国环境管理,12(5):28-35.

刘勇,2022.生态产品价值实现的地方探索与扩散路径研究:以江西省为例[J].价格月刊(11):38-44.

刘瀚斌,李子昂,2022.自然资源资产离任审计评价指标体系研究与应用:基于崇明区生态产品价值实现视角[J].财会月刊(23):1-7.

李琪,2020.山西省生态产品价值实现路径探索[J].山西农经(20):35-36.

李睿,2022."双碳"视角下金融支持生态产品价值实现的路径研究[J].北方金融(9):59-63.

李芳芳,杨赫,2022.生态产品市场化价值研究[J].青海金融(7):4-10.

李斌,2021.黄河流域丘陵山区乡村振兴的生态产品价值实现模式及路径[J].中共郑州市委党校学报(6):31-34.

李安国,2021.江阴市探索生态产品价值实现机制取得新成效[J].国土绿化(12):49-51.

李安国,2022.江阴:探索创新生态产品价值实现机制[J].资源导刊(7):56-57.

李宏伟,宋昌素,2021.生态产品价值实现的创新实践:南平"生态银行"推动资源变资产变资本[J].中国林业产业(12):8-17.

李楠,郭平生,蔡春菊,2020.生态产品价值实现机制研究:以广西金秀大瑶山为例[J].市场论

坛 (11):17-20.

李宏伟,薄凡,崔莉,2020.生态产品价值实现机制的理论创新与实践探索 [J].治理研究,36(4):34-42.

李克强,2008.论可再生自然资源的属性及其产权 [J].中央财经大学学报 (12):68-73+96.

林亦晴,徐卫华,李璞,等,2023.生态产品价值实现率评价方法研究:以丽水市为例 [J].生态学报 (1):1-9.

廖峰,2020.生态产品价值实现与山区农产品区域公用品牌研究:基于"丽水山耕"的个案分析 [J].丽水学院学报,42(6):1-10.

罗琼,2021."绿水青山"转化为"金山银山"的实践探索、制约瓶颈与突破路径研究 [J].理论学刊,294(2):90-98.

邱凌,罗丹琦,朱文霞,等,2023.基于 GEP 核算的四川省生态产品价值实现模式研究 [J].生态经济,39(7):216-221.

穆回港,2022.基于 GIS 的城市湿地生态产品价值核算及生态补偿能力研究:以济西国家湿地公园为例 [D].济南:山东建筑大学.

牛玲,2020.碳汇生态产品价值的市场化实现路径 [J].宏观经济管理 (12):37-42+62.

南锡康,孟冬,马朋林,2022."十四五"时期生态产品价值实现前景研判 [J].自然资源情报 (12):1-6.

欧阳志云,靳乐山,等,2018.面向生态补偿的生态系统生产总值（GEP）和生态资产核算 [M].北京:科学出版社.

彭绪庶,2020.激活生态产品价值转化的新动能 [J].中国林业产业 (8):21-22.

彭红军,徐笑,俞小平,2022.林业碳汇产品价值实现路径综述 [J].南京林业大学学报 (自然科学版)(6):177-186.

潘家华,2020.生态产品的属性及其价值溯源 [J].环境与可持续发展,45(6):72-74.

任杰,钱发军,李双权,等,2022.河南省生态产品价值核算研究 [J].环境科学与管理,47(9):159-164.

宋蕾,2022.县域生态产品价值实现的优化路径 [J].人民论坛 (14):72-74.

宋蕾,2022.生态产品价值实现的共生系统与协同治理 [J].理论视野 (7):61-67.

史哲宇,张蓉,2020.新时代生态产品文化价值实现路径研究 [J].青海社会科学 (6):104-109.

沈世山,2021.有效拓展生态产品价值实现路径 [J].中国环境监察 (12):44-45.

唐潜宁,2019.生态产品的市场供给制度研究 [J].人民论坛·学术前沿 (19):112-115.

谭林,刘姝悦,陈春华,等,2022.公园城市生态价值转化内涵与模式分析 [J].生态经济,38(10):96-101.

童依霜,周金莺,丁倩,等,2020.生态产品价值实现的"一村万树"绿色期权模式 [J].中国环境

管理 ,12(5):18–27.

托马斯·思德纳 ,2005. 环境与自然资源管理的政策工具, 当代经济学系列 [M]. 上海：上海人
　　民出版社 .

铁文利 ,2021. 基于生态产品价值实现的水源地生态补偿机制研究：以淅川县为例 [D]. 郑州：郑
　　州大学 .

王江渝 ,2022. 生态产品价值实现与金融支持 [J]. 中国金融 (18):93–94.

王晓莉, 刘倡, 张健, 等 ,2022. 海洋生态产品概念、特征及分类方法研究 [J]. 湿地科学与管
　　理 ,18(4):36–40.

王亚飞 ,2022. 平凉红牛生态产品价值计量研究：以旭康食品公司为例 [D]. 兰州：兰州财经大学 .

王斌 ,2019. 生态产品价值实现的理论基础与一般途径 [J]. 太平洋学报 ,27(10):78–91.

王夏晖, 朱媛媛, 文一惠, 等 ,2020. 生态产品价值实现的基本模式与创新路径 [J]. 环境保
　　护 ,48(14):14–17.

王金南, 王夏晖 ,2020. 推动生态产品价值实现是践行"两山"理念的时代任务与优先行动 [J].
　　环境保护 ,48(14):9–13.

王勇 ,2020. 生态产品价值实现的规律路径与发生条件 [J]. 环境与可持续发展 ,45(6):94–97.

王丽 ,2022. 生态产品价值实现理论探索 [J]. 中国国土资源经济 (11):4–10+24.

吴芸芸, 吴俏俏, 包莉莉, 等 ,2020. 泰顺县生态产品价值实现路径的思考 [J]. 浙江经济 (12):66–67.

吴洁 ,2022. 基于生态产品价值实现的江西林业金融政策体系研究 [D]. 南昌：江西财经大学 .

吴尚芸 ,2022. 生态产品价值实现评价指标体系构建与测试研究 [D]. 成都：四川省社会科学院 .

徐飞翔 ,2020. 开化县森林生态产品价值核算研究 [J]. 中国集体经济 (29):32–33.

徐瑞蓉 ,2020. 生命共同体理念下流域生态产品市场化路径探索 [J]. 学术交流 (12):102–110.

宣宇, 王月红 ,2020. 加快推动雄安新区生态价值实现 [J]. 前线 (12):71–73.

谢花林, 陈倩茹 ,2022. 生态产品价值实现的内涵、目标与模式 [J]. 经济地理 ,42(9):147–154.

肖祖未, 刘伟, 刘晓文 ,2021. 生态产品价值提升的矿山废弃地生态修复及优化研究 [J]. 环境科
　　学与管理 ,46(12):146–150.

薛进军, 赵忠秀, 戴彦德 ,2017. 低碳经济蓝皮书中国低碳经济发展报告 [M]. 北京：社会科学
　　文献出版社 .

修文飞 ,2020. 山区生态产品价值实现机制研究：以宁波四明山区为例 [D]. 杭州：中共浙江省委
　　党校 .

于丽瑶, 石田, 郭静静 ,2019. 森林生态产品价值实现机制构建 [J]. 林业资源管理 (6):28–31+61.

姚文婷 ,2022. 生态产品供给与价值评估研究：以广东省 21 个地级市为例 [D]. 广州：中共广东

省委党校.

姚震,孙月,王文,2019.生态产品价值实现的经济关系分析[J].河北地质大学学报,42(6):
53－56+62.

於方,杨威杉,马国霞,等,2020.生态价值核算的国内外最新进展与展望[J].环境保护,48(14):
18－24.

元庆洁,2022.生态农产品全产业链的生态产品价值实现研究:以"杨秸秆"为例[D].兰州:
兰州财经大学.

伊凡·邦德,2007.生态补偿机制:市场与政府的作用[M]李小云,靳乐山,左停,等译.北京:
社会科学文献出版社.

中国21世纪议程管理中心,2012.生态补偿的国际比较模式与机制[M].北京:社会科学文献出版社.

中腐协秘书处,2022.开拓视野:关注生态产品价值实现[J].腐植酸(4):93.

张晓雯,2022.基于环境重置成本法的古旧村落生态产品价值实现研究:以抚州竹桥古村为例[D].
兰州:兰州财经大学.

张明晶,2021.基于生态产品价值实现的黄河上游生态补偿资金绩效审计评价研究[D].兰州:兰
州财经大学.

张倩霓,王晓欣,钱贵霞,2022.基于"两山"发展模型的生态产品价值实现路径:以内蒙古为例[J].
生态经济:1－16.

张克俊,李晓燕,虞洪,2021.风水林田 生态产品价值实现的郫都实践[J].当代县域经济(12):
38－43.

张琳杰,2020.贵州生态产品价值实现机制与路径探析[J].长江技术经济,4(S2):13－14.

朱清,牛茂林,2023.试论生态产品价值实现的三重关系和若干路径[J].中国国土资源经济:
(1):39－45.

朱万江,陈悠,王亮,2021.江苏生态产品价值实现路径探索[J].中国土地(12):29－32.

曾贤刚,2020.生态产品价值实现机制[J].环境与可持续发展,45(6):89－93..

郑启伟,2019.生态产品价值实现的关键问题[J].浙江经济(21):25.

周晨,2019.开化县生态产品价值实现机制规划专家咨询会在京召开[J].中国工程咨询(10):111.

ALLEN R, 1982.Automatic phase pickers: their present use and future prospects[J].Bulletin of the
seismological society of America,72(6B): S225－S242.

ADHIKARI K,HARTEMINK A E,2016.Linking soils to ecosystem services—a global review[J].
Geoderma,262:101－111.

BOEREMA A,REBELO A J,BODI M B,et al.,2017. Are ecosystem services adequately quantified?[J].

Journal of applied ecology,54(2):358−370.

BERGER I E,CORBIN R M,1992. Perceived consumer effectiveness and faith in others as moderators of environmentally responsible behaviors[J].Journal of public policy & marketing,11(2):79−89.

DRUPP M A,2018.Limits to Substitution Between Ecosystem Services and Manufactured Goods and Implications for Social Discounting[J]. Environmental & resource economics.

ELLEN P S, WIENER J L, COBB−WALGREN C,1991. The role of perceived consumer effectiveness in motivating environmentally conscious behaviors[J]. Journal of public policy & marketing,10(2):102−117.

FANG G D,FINE M,ORLOFF J,et al.,1990.New and emerging etiologies for community− acquired pneumonia with implications for therapy: a prospective multicenter study of 359 cases[J]. Medicine,69(5):307−316.

GOLDIN C, 1979.Household and market production of families in a late nineteenth century American city[J]. Explorations in economic history,16(2):111−131.

HUTTON R B,MAUSER G A,FILIATRAULT P,et al.,1986. Effects of cost−related feedback on consumer knowledge and consumption behavior:a field experimental approach[J].Journal of consumer research,13(3): 327−336.

VINIECE J,LINCOLN L,JESSICA Y,2016.Advancing sustainability through urban green space:cultural ecosystem services, equity,and social determinants of Health[J].International journal of environmental research and public health,13(2):196.

KINNEAR T C,TAYLOR J R, AHMED S A,1974. Ecologically concerned consumers: who are they?Ecologically concerned consumers can be identified[J]. Journal of marketing,38(2):20−24.

LORD K R,PUTREVU S,1998. Acceptance of recycling appeals: the moderating role of perceived consumer effectiveness[J].Journal of marketing management,14(6):581−590.

LEE J A,HOLDEN S J S,1999.Understanding the determinants of environmentally conscious behavior[J]. Psychology & marketing,16(5): 373−392.

MILLER R L,BRICKMAN P, BOLEN D,1975. Attribution versus persuasion as a means for modifying behavior[J].Journal of personality and social psychology,31(3):430.

OLANDER L P,JOHNSTON R J,TALLIS H ,et al.,2018. Benefit relevant indicators:ecosystem services measures that link ecological and social outcomes[J].Ecological indicators,85(FEB.):1262−1272.

OBERMILLER C,1995.The baby is sick/the baby is well:a test of environmental communication appeals[J].Journal of advertising,24(2):55−70.

ROBERT,COSTANZA, RUDOLF,et al.,2017.Twenty years of ecosystem services:how far have we come and how far do we still need to go[J].Ecosystem services(28):1−16.

ROBERTS J A,1996.Green consumers in the 1990s:Profile and implications for advertising[J].Journal of business research,36(3):217−231.

POSNER S M,MCKENZIE E,RICKETTS T H,2016.Policy impacts of ecosystem services knowledge[J].Proceedings of the National Academy of Sciences of the United States of America,113(7):1760−1765.

SOLLENBERGER L E,DUBEUX J C B,2022. Warm−climate,legume−grass forage mixtures versus grass−only swards: An ecosystem services comparison[J].Revista brasileira de zootecnia(S1).

STILES S,LUNDGREN J G,FENSTER C B,et al.,2021. Maximizing ecosystem services to the oil crop brassica carinata through landscape heterogeneity and arthropod diversity[J].Ecosphere,12(7).

SYRBE R U,NEUMANN I,GRUNEWALD K,et al.,2021.The value of urban nature in terms of providing ecosystem services related to health and well−being: an empirical comparative pilot study of cities in Germany and the Czech Republic[J].Land,10(4):1−26.

WINETT R A,KAGEL J H,1984.Effects of information presentation format on resource use in field studies[J]. Journal of consumer research,11(2): 655−667.

ZURAIDAH R,HASHIMA H,YAHYA K,et al.,2012. Environmental conscious behaviour among male and female Malaysian consumers[J]. OIDA International journal of sustainable development,4(8):55−64.